阳光姐姐校园小密探

快来"目瞪口呆岛"

伍美珍 ◎主编

中国出版集团 现代出版社

图书在版编目（CIP）数据

快来"目瞪口呆岛"/伍美珍主编.—北京：现代出版社，2019.7
（阳光姐姐小密探）
ISBN 978-7-5143-7990-7

Ⅰ.①快… Ⅱ.①伍… Ⅲ.①作文—小学—选集 Ⅳ.①H194.4

中国版本图书馆CIP数据核字(2019)第142441号

快来"目瞪口呆岛"

主　　编	伍美珍
绘　　者	木　辛
责任编辑	徐　苹　王志标
出版发行	现代出版社
地　　址	北京市安定门外安华里504号
邮政编码	100011
电　　话	010-64267325　64245264（传真）
网　　址	www.1980xd.com
电子邮箱	xiandai@vip.sina.com
印　　刷	北京瑞禾彩色印刷有限公司
开　　本	880mm×1230mm　1/32
印　　张	5
字　　数	100千字
版　　次	2019年8月第1版　2019年8月第1次印刷
书　　号	ISBN 978-7-5143-7990-7
定　　价	36.00元

版权所有，翻印必究；未经许可，不得转载

代序

做校园小密探，发现身边的写作素材

阳光姐姐　伍美珍

当初写作时，相当敬业，每星期都要去学校一次，请学生吃盒饭，开座谈会，了解孩子们的所思所想，天长日久，就积累了不少素材，不少孩子还成了我的校园小密探，校园里发生新鲜事都会跟阳光姐姐说。每天我的邮箱里都会有五六十封邮件。孩子们来信所谈到的事情为我提供了写作素材，激发了我的创作灵感。我的小书房系列图书的每一本都是源于读者来信。

也有很多孩子给我写邮件，说自己很害怕写作，不知道自己该写什么，询问我的写作素材从哪儿来？现在我就把这个问题的答案告诉你们——写作的素材，就在你们的身边哪！

写作是孩子与生俱来的天赋，只要写自己想写的文字，找到写作的快乐和自信，就会激发出你的写作天赋

来。在"阳光姐姐校园小密探"系列书籍里，我请孩子们一起选取了16个校园热点话题来讨论和写作，当孩子们自由地写作时，我发现，他们的语言单纯而可爱，带有孩子独特的灵气与气质，这些自由纯真的文字是多么珍贵。

希望这本书也能触发你的写作灵感，让你找到写作的快乐！

目录

话题NO.5—— 吹 牛

阳光姐姐有多美　任蔷羽 〉003

疯狂畅想游世界　朱玉婷 〉006

什么叫"吹牛"　刘维亚 〉010

快来"目瞪口呆岛"　史昀卿 〉013

吹牛起源　邱慧伶 〉015

吹牛大王就是我　杨慧丽 〉019

吹牛大王皮皮加　康兢文 〉025

话题NO.6—— 后 悔 药

武松不打虎　龚赛雅 〉032

后悔药的妙用　黄鑫晨 〉035

后悔药　邱慧伶 $ 039

友情无须后悔药　李铭洋 $ 042

让人后悔的后悔药　薄睿宁 $ 046

想吃一颗后悔药　赵景琛 $ 050

太上老君的后悔药　周宇杰 $ 053

人类的忏悔　朱玉婷 $ 057

圣诞老人想吃后悔药　任蔷羽 $ 061

天下没有后悔药　任奕豪 $ 064

话题NO.7—— 美 食

山水美，美食香　欧阳思艺 $ 070

爱的味道　赖宇萌 $ 073

美食运动会　董益铭 $ 076

舌尖上的莒县　高域溪 $ 080

四海之内皆美食　李欣悦 $ 084

美食·饺子·爱　王　溪 ╲ 087

舌尖上的老爸　薄睿宁 ╲ 091

话题NO.8——

考试之梦　蒲德兰 ╲ 100

梦国小精灵　许君宜 ╲ 104

小鱼的穿越梦　李可欣 ╲ 109

梦回大唐　袁义翔 ╲ 112

一只流浪狗的梦　宋昊橦 ╲ 116

"校虫"梦游惊魂　陈晓君 ╲ 119

呼叫奥特曼　吴　霞 ╲ 124

梦境看看机　薄睿宁 ╲ 128

外公，不许再做砍柴梦了　商静怡 ╲ 132

幸好只是梦　杨紫仪 ╲ 135

请勿脱鞋　任奕豪 ╲ 139

梦里梦外　吴涵彧 ╲ 143

话题 NO.5

吹牛

快来"目瞪口呆岛"

【七嘴八舌小密探】

阳光姐姐： 谁的童年能少了吹牛呢？无论是自己吹过的牛，还是别人吹过的牛，今天咱们分享一下，看看谁吹的牛皮最有趣！注意，不要吹爆了哦。

不吹牛不能活： 我先来，我先来！其实我是世界著名演员，拿过很多奥斯卡"小金人"，只是还没有进军中国市场，等着，你们很快就能看到我的英姿了！

莲花开： 我也吹过牛的，每次回家，都会和爷爷奶奶说自己考了一百分。考一百分哪那么容易啊，我从没考过一百分。

暴雨我不怕： 我们班有一个人超爱吹牛，印象最深的是有一次她说她的头发会根据心情变颜色，但是她不能暴露这个超能力，所以把头发染黑了。真是巨好笑啊！

蓝云白天： 我的表弟总说他特别能吃，一个人能吃八百个串串！可其实他一点也不爱吃饭，瘦得跟竹竿一样。

侠仔崽： 我是李小龙第十九代传人，武功高强，从不外露，只在暗处扶贫济困。啊哒，我不是说哪一个人，而是说在座的各位，都是弱鸡！

米粒儿： 吹牛？吹牛是什么？我可从来不吹牛，谁叫我是五好青年呢？ ps：这可能是我吹过的最大的牛了吧，笑:-D。

话题 NO.5 吹牛

【话题作文大 PK】

阳光姐姐有多美

任蔷羽

　　最近发生的事儿，让合肥交警很纠结，就是在肥西路3号安徽大学附近交通事故频发。经分析发现，事故多发生在上午八九点、中午十二点到下午一点、下午六点到七点这三个时间段。所有的事故都是小擦小碰之类的小事故，驾驶员多为年轻的男性。警方经过缜密调查，发现事故现场都有一位妙龄女郎出现。现场录像显示，每当她上下班时，路上的司机只顾看她了，不是追尾，就是把车开到了隔离栏上。警方派了一名曾经获得全国摩托车比赛冠军的交警，让他同她谈谈。当他看到她时，居然像中了魔法，眼睛立刻就直了，手脚都不听使唤了，摔在她面前，幸好他训练有素，一个鲤鱼打挺站了起来，hold住狂跳的心脏，走上前敬了个礼说："今后您出门，可以戴上墨镜吗？"

> 快来"目瞪口呆岛"

她抬头望了望阴沉沉的天，不悦地说："我怎么没听说交通法规有这条规定呀？"话音未落，"噼噼啪啪"一阵乱响，排成"人"字形的几只大雁，突然一个接一个径直摔到了地上。她垂下眼帘，瞟了一眼不远处的水池，那盛开的睡莲立刻都败了，原来在莲叶间嬉戏的锦鲤也都沉到了水底。她长叹一声，幽怨的她显得更加楚楚动人："苍天啊，难道漂亮有罪吗？"

"长得美不是你的错，引发交通事故就是你的不对了。"交警用恳求的语气说，"为天下苍生计，您就委屈一下吧！"自从她戴上墨镜后，交通事故率直线下降，他又趁热打铁，劝她戴上口罩，事故就更少了，但是还是略高于其他路段。经过分析发现，虽然她的脸已经完全遮挡了，但她婀娜的身姿还是吸引了不少目光。她又按他的要求，出门时总是穿上肥大的厚厚的外套，之后这一带的交通事故问题果然得到了彻底解决！从这以后啊，安徽大学少了一位风华绝代的美女，多了一位五冬六夏总是用墨镜、口罩、围巾、外套把自己包裹得严严实实的人，但厚厚的外壳里面，却有着一颗像太阳一样火热的心。她，就是传说中的阳光姐姐。

话题NO.5 吹牛

阳光姐姐点评

哈哈，拿主编大人阳光姐姐做文章的，你是第一人。在小作者的笔下，阳光姐姐真的是"沉鱼落雁，闭月羞花"啊！别人大多拿自己来吹牛，你是替别人吹牛，不过，这个牛吹得——很牛！小作者一副俨然正在现场报道的记者模样，这种别致的视角、有创意的主角就是成功的关键咯。

快来"目瞪口呆岛"

疯狂畅想游世界

朱玉婷

　　Hi，朋友。知道我是谁吗？什么，你居然不知道！我可是大名鼎鼎的福特尼尔·布莱克。

　　我是一名来自英国的旅行者，我会98000种动物的语言，我去过世界上的300个国家，下面就听我讲述我的奇妙之旅吧。

　　花园岛是一个神奇而又美妙的小岛。去年盛夏，我骑着自行车来到了这座小岛。那一天，雪下得特别特别大，没过了我的自行车，没过了我的脖子。我一点也不觉得冷，反而早已汗流浃背。

　　当我骑到海边，发现海上结了1000厘米厚的冰。我把车停到了海边的铁树旁，从容地走到了海中央，突然，冰垮塌了！我大声叫喊着，一只企鹅慢步走来，吐了吐舌头就走开了。一个小时过去了，我没有看见任何人和动物。

　　正当我绝望的时候，一只蚂蚁走来了。我叫住了它，恳

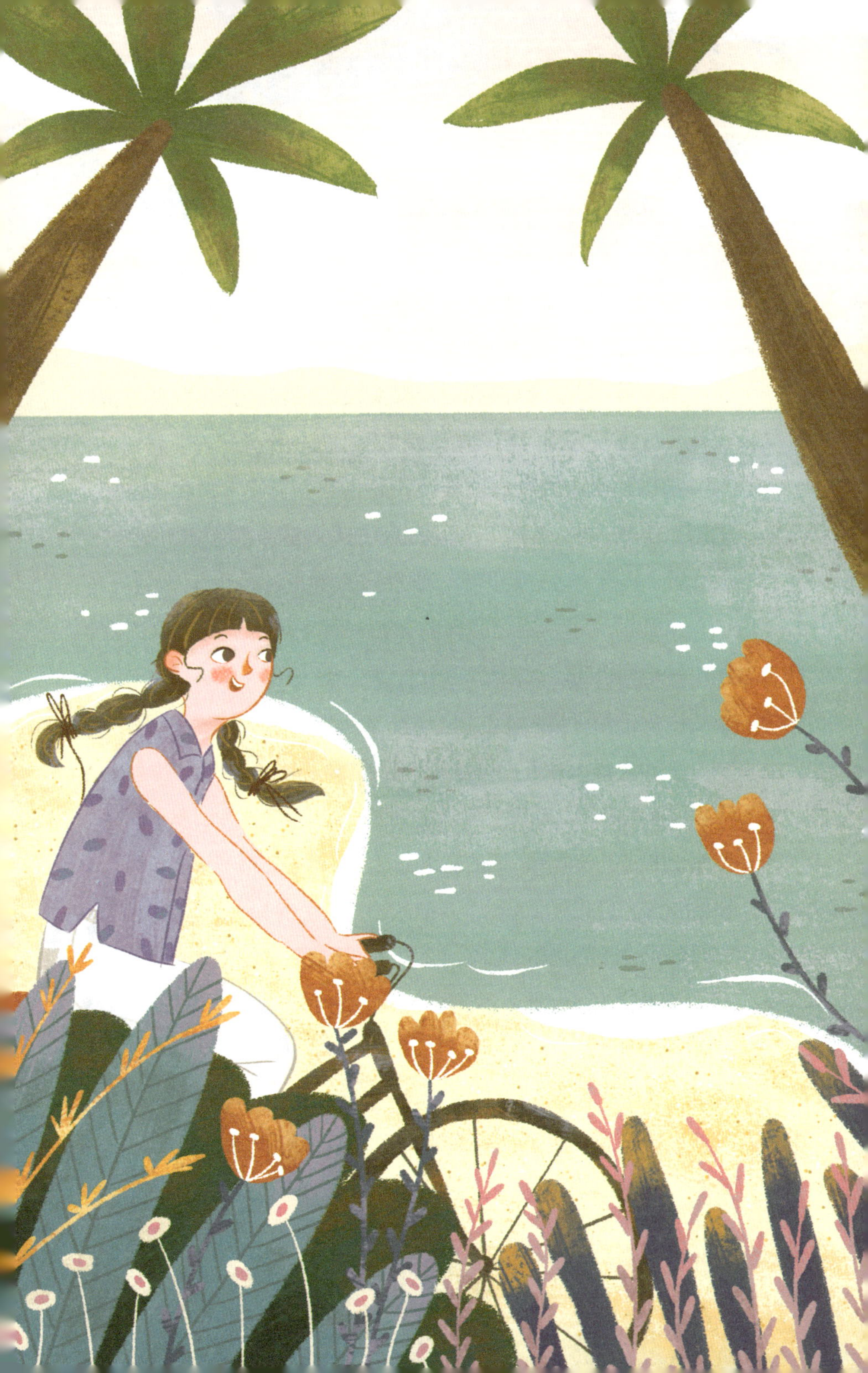

快来"目瞪口呆岛"

求它把我救上岸。蚂蚁却不慌不忙地说:"救你?可以啊,不过你得答应付我1万美元。"我觉得太贵,犹豫不决。蚂蚁又说:"哎呀,现在的年轻人真吝啬,不给也罢,不给也罢。"说完就准备走,我只好答应它。

蚂蚁收了钱,揪住我的一根头发,轻轻一提,我就被拽上岸了。还没等我向它致谢,就见不到它的影儿了。

南极的一次奇特历险更使我后怕。一天晚上,我在自家的床上睡得正香,忽然,一阵狼嚎声把我吵醒,迷迷糊糊地睁开眼一看,妈呀,这是哪里呀?到处冰天雪地,冷得我直打寒战。

天渐渐亮了,透过微弱的光芒,我发现这里有成群的企鹅——是南极呀。太阳渐渐透过云层,烤得我直冒烟,这和夜里的南极相差可真大。

一阵火药味飘来,我寻着味走了300多米。这儿是珠穆朗玛峰顶端的悬崖,悬崖下是一片平地。地上插着五六面旗子,这些旗子围成了一个圈。圈的左边卧着一头狮子,狮子头上绑着一根蓝绸带。它的对面是一个企鹅战团,它们的头上绑着红绸带。它们对视的目光中放出电流,看来,一场战争就要爆发了。

企鹅们叫了起来,我依稀能辨认出它们是这样说的:"打倒狮子,地盘是我们的!"几千万只企鹅的叫喊声差点震破了我的耳膜。

我看得太认真了,后面蹿来了几只东北虎都没发现,它们慢慢地逼近我,我一回头,"啊"地尖叫了一声。我本能地

话题 NO.5 吹牛

后退，却因此摔下了悬崖。

我正好落在了企鹅和狮子对决的场地中间。我发现我没死，但一秒钟之后，狮子和企鹅同时发疯似的向我奔来。我迅速站了起来，飞快地逃跑。

在不远的地方我看见了希望——一只海龟正自在地觅食，我跨上了海龟。没想到这只海龟速度惊人，一下就远离了东北虎。"嗖"的一声，海龟就飞上了天，把我送到了家。我的南极之旅就这样结束了。

"吱吱吱吱。"哦，是我的朋友托亚尼来找我了，我要去和它环游老鼠地下城啦。下次再给你讲述我的奇妙之旅吧，再见了朋友！

阳光姐姐点评

呵呵！这篇满是夸张冒险的作文让我想起了一部著名的作品——《吹牛大王历险记》！小作者要是看过这部作品，那他吹的牛可真能与之媲美了！蚂蚁能抓住一根头发把他从海里拎上来，海龟那笨重的家伙能驮着他上天！要是小作者你没看过这本书，那我只能说你是天生的天才吹牛大王，哈哈哈！祝你在老鼠地下城玩得愉快！

快来"目瞪口呆岛"

什么叫"吹牛"

刘维亚

森林里的一棵参天大树下,一群小动物正在讨论一种奇怪的动物——人类。它们觉得人类的皮毛很奇怪,走路的样子很奇怪,说的话也很奇怪。一只常飞出森林去探险的百灵鸟发言了:"有一次我遇到一群人,他们坐成一圈,说他们在'吹牛'。可是'牛'怎么能吹呢?我想不明白。"

"'吹牛'?我妈妈说人的个头比我小,怎么可能把我们吹起来?切!"一只小野牛说。

一旁的小猴说:"我想'吹牛'里的'牛'肯定不是指野牛。叫'牛'的动物很多呀,除了野牛,还有犀牛、天牛和蜗牛之类的。我可是懂科学的!"说完,小猴得意地看看大家,觉得自己真是太聪明了。

"对呀,对呀!"小花鹿听了附和道,一副很受启发的样子。它接着说:"我猜'吹牛'里的'牛'肯定是指'蜗牛'。

话题 NO.5 吹牛

你们想嘛，人类老是嫌自己动作太慢了，希望更快些，所以他们发明了到处跑的小房子，还有天上飞的大铁鸟。他们一定是看到'蜗牛'爬得慢，所以要吹一吹，让它们动得快些！说不定还可以来场比赛呢，看谁把'蜗牛'吹得最远！"小花鹿觉得自己很有想象力。

"我不这样看，"小老鼠说，"有一次我去城里的朋友家玩，看了一场什么演奏会。其中有一个拿着一种稀奇古怪的东西吹呀吹，脸都吹得鼓鼓的。下面的人听了非常兴奋，有个人竖起大拇指说：'吹得好！真牛！'所以我想'吹牛'是指乐器吹得好吧。"

大家都听晕了，开始七嘴八舌地讨论起来，都争着发言，结果根本听不清谁说了些什么。

突然，小豹子从远处飞快地跑过来，喘着气说："有两个猎人正往这边走，大家快躲躲吧！"小动物们一听，一下散开了。小松鼠缩回了树洞，鸟藏到了密密的树叶后，其他动物也找地方躲了起来。

猎人来了。胆子大的小动物悄悄瞄了一眼，"妈呀，他们提着猎枪，还带着猎狗，一只胖一只瘦！"两只猎犬边到处闻边聊天。胖猎犬说："今天肯定会有收获！要知道，我的主人可厉害了，有一次他只开了一枪，就打中了两只老虎！"

"这算什么！我的主人更威风！有一次他发现了三只狮子，

快来"目瞪口呆岛"

他刚举起枪瞄准，三只狮子就全倒下了！"瘦猎犬骄傲地说。

胖猎犬很不服气，说："我才不信呢，那恐怕是你家主人做的梦！要不就是他在吹牛！我的主人才是最好的猎人！大象够大吧，可它们只要看到我的主人，就吓得不敢动不敢逃，乖乖地跟他走。有一次我的主人把整个象群都带回去了！"

"绝对不可能！你的主人才是做梦，你的主人才是吹牛！"瘦猎犬回了句。

藏起来的小动物们把两只猎犬的对话听得一清二楚。哈哈，这下它们总算终于明白了"什么是'吹牛'"！

阳光姐姐点评

刘维亚小朋友成功地将吹牛的故事写成了一篇精致的童话，让人一口气看到最后，哈哈大笑。是呀，什么叫作"吹牛"呢？又为什么叫"吹牛"，而不是吹风车、吹兔子呢？看来作者很有想象力，从一个简单的词发散开来，给吹牛下了N种定义，还让小动物们开了一次讨论会，而讨论会的结果又这样出人意料，结构真的很精妙哦。

话题 NO.5 吹牛

快来"目瞪口呆岛"

史昀卿

爆炸消息:"我发现一个让人震惊的岛!名叫'目瞪口呆岛'。岛上有许多神奇的景象!"此刻我滔滔不绝地给几个好伙伴讲昨天在电视上看到的一条新闻——

话说阳光照耀下,人们在水面上悠然舒服地漂浮着,可一瞬间正浮在"死海"上的游客"扑通扑通"落入水中,过了两分钟,沉下水的人却又浮出水面。就这样,水里的人们一会儿浮起来一会儿沉下去。你可别以为这是那有名的"死海",这个湖的名字叫作"呼啦湖"。这样浮浮沉沉的"游泳"方式,是生活在这个岛上的人们最喜爱的健身活动呢!据说它能扩大肺活量,也是最有效的减肥运动!

你听说过黑洞吧?就是那让一切生物体都消失得无踪无影的神秘的洞。在岛上也有许多"黑洞",但此"黑洞"非彼"黑洞",岛上的"黑洞"是人们最便捷的交通工具,就像哆啦A梦中的"任意门"一样,它可以瞬间带你去任何你想去的地方,而且,

快来"目瞪口呆岛"

这种"交通工具"绝对安全，永远不会出现任何交通事故！

　　岛上的动物是你绝对没有见过的稀有品种。"斑马"不再是黑白相间了，而是红蓝相间；"狮子"不再身披黄澄澄的毛发，而是"一毛不长"光溜溜的样子；"长颈鹿"的脖子可以自由伸缩，像是"手风琴"一样，可以奏出美妙的音乐；"河马"的小耳朵变成了比大象的耳朵还要大的巨型耳，所以如果下雨，"河马"只要举起耳朵，就可以遮住全部的身子……

　　岛上生活的居民每天喜欢牵着"老虎"遛马路，因为这里的"老虎"性格如同熊猫一样温顺可爱。岛上的房子都是用巨大的南瓜球做成的，楼房一层一层叠加起来，像是一串串糖葫芦的样子……

　　正津津有味大讲特讲时，班长张茜茜走过来喊我："杜小宝，听说你家电视机坏了，你在哪看的新闻啊？"我立刻闭上了嘴巴，"瞎掰新闻"到此结束！

阳光姐姐点评

　　哎呀，读得入迷，竟然忘了文章的开头是则"新闻"，忘了分析这些是压根不可能的"瞎掰"……谁让小作者"瞎掰"得太精彩呢！这种"瞎掰"的想象力，真是让人"目瞪口呆"，大呼佩服！

话题NO.5 吹牛

吹牛起源

邱慧伶

吹牛大家都知道什么意思吧？要是不知道，那我猜你是外星人。今天，我要给大家讲的是吹牛的起源，我想这个就没人知道了。

传说在N多年前，有一个吹牛文武会，这是当地每年的一个重要比赛，不论你是文人墨客，还是五大三粗的杀猪匠都可以来参加，而且比赛奖品相当丰厚，获得胜利者可以拉回家一头强壮的牛。

先说说武会吧。那天来参加的人那是格外的多，广场上人山人海，而且个个身高八尺。一个负责组织的人员站在台子上，显得十分弱小："比赛规则十分简单，每个人身前都有几块牛皮，要用嘴把它吹爆，一分钟之内谁吹得最多就获胜了！"随着一声令下，所有的壮汉都开始吹牛皮。

虽然牛皮看似轻薄，实际吹起来相当难。壮汉积满了力

快来"目瞪口呆岛"

气,使劲吹气。憋得脸红脖子粗,手握成一个大拳头,不停使劲。吹得上气不接下气,还没到半分钟,很多人都不行了,别说吹那么多,到目前为止,一块都没吹爆。底下的观众不停叫着:"加油,加油!"就算叫喊声再响亮,台上的人也吹不动了。

不知道从哪里传来一个女人尖厉的声音:"夫君,加油啊!咱们家没粮食了!"台上的一个壮汉突然紧张起来,又开始了不断吹气。深深吸入一口气,用尽全身力气往牛皮里吹,脸已经憋得通红通红,好像再吹一下就会晕过去。就在最后3秒钟的时候,他用尽最后一丝力气,吹爆了一块牛皮。"停!时间到。"随着这声号令,那个壮汉突然倒地不起,好像是累死了。经过一番抢救,还是不幸身亡。组织人员用很悲伤的语气宣布:"第一名就是——就是壮汉甲,但他因为过度疲劳,一口气没上来,永远离开了我们。但是奖品还是归他所有。"多么悲壮的一场比赛,奖品还有什么用呢?

还是说说欢快点的比赛吧,那就是文会,来参加的多是文质彬彬的书生。大家要天马行空地写作,越是不可思议越好。书生们拿起笔开始了创作。大家头脑里卷起了一阵阵风暴,因为时间有限,写的速度必须快,现场十分紧张。底下观众也无比安静,生怕自己出了点声音影响了选手发挥。

"时间到,请所有人演讲自己写的作品。"书生们一个

话题NO.5 吹牛

个走上台，吹牛开始了："我们家的房檐可大了，如半个地球……""我们家天天都是山珍海味，每天都要吃十头大象……""我家乡的蚊子非常大，三只蚊子可以炒盘菜……""我们那……"底下的评委都摇摇头，感叹道："好没创意啊，吹得都太平庸了，一点新意都没有。"

这时候，一个人急匆匆赶上台，有点手忙脚乱地说："我来晚了，这是我写的：前天我回老家，大伯说他家的牛老啦，不能再拉犁，日子难过啊！我听了二话没说，朝着天空大喊三声：'给我三头牛！'结果神仙听见了，果然扔下三头壮牛来，我一只手指头牵一头牛，把它们全送给了大伯，这可真把他乐坏啦！"评委纷纷点头，感觉这个很合乎题目，而且吹的还和牛有关系。最后一致决定，他就是大奖得主了！

后来，大家都觉得武会非常残忍，而且也没什么意义。以后的比赛光有文会没有武会了。再以后，吹牛就不光是比赛了，邻里之间经常吹吹牛，开开玩笑。到今天，吹牛已经成了大家最喜欢的娱乐方式之一。

怎么样？读完这篇文章是不是觉得很长知识，很佩服我博学多才啊？哈哈，告诉你一个秘密，这个"吹牛起源"，也是我"吹"出来的！

快来"目瞪口呆岛"

阳光姐姐点评

差点被慧伶忽悠了呢!原来真正的吹牛高手,不在天边,就在眼前啊!"牛皮"能吹破,也是要凭本事的。不仅要想象力十足,还要有自圆其说的本事。你看,这篇《吹牛起源》是不是就很有条理,吹得像真的一样?哈哈!

话题NO.5 吹牛

吹牛大王就是我

杨慧丽

哈哈！大家好，我，就是姚晓晓哦。

嘻嘻，我可是一位吹牛大王哦，嗯？你说什么？你不信？好吧，为了让你感受到我深深的魅力以及强大的吹牛能力，我将隆重地向大家介绍介绍我自己的"风光伟绩"——

"姚晓晓。"有人在叫我呢，我回过头去，发现是唐嘉茜。

"干吗呀？"

"你昨天说，你家发生的那个灵异事件，你能不能再说一遍，我还想听。"

我顿时两眼发光，猛地点头，只要是和吹牛有关的，我是绝对不会放过的！

"话说在一个月黑风高的晚上，我们家一家三口都在看《午夜凶铃》，突然之间，灯全都灭了，整个房间里，一点声音都没，只有三个人的心跳声。只见一个白色的身影闪现

> 快来"目瞪口呆岛"

在我家的窗户上,原来是个女鬼!我们全吓呆住了,然后一道闪电划过,银色的光照得她的脸格外清晰,她的嘴角还残留着血,雷,还在响着。我顿时蒙住了,只见那个女鬼慢慢地朝我飞了过来,一边张牙舞爪,一边说,哈哈哈,我来找你索命啦!"

我正感到说得带劲儿呢,谁知一声"啊"打扰了我继续讲下去的兴头,原来唐嘉茜还没有听完呢,就给吓住了,发出尖叫声,也对呀,因为昨天她也是这么个反应啊。

嘻嘻,我的吹牛能力还不错吧!

我转身就走,我才不会留下来看着她惊讶。像她这种女生,一听到鬼啊、怪啊,这些有点恐怖感的,就吓得哇哇大叫,真是太胆小了,可偏偏,她就爱听这种故事,真是有点莫名其妙。而且,她明明知道我是吹牛大王(自恋中),还敢信我,真是太天真了吧。

"姚晓晓!"

"又干吗呀?"

"你看。"

我顺着这位同学的指尖望去,哇,她居然晕倒了!当然,这也是吹牛的啦。不过,唐嘉茜被吓哭了哎,一边哭,还一边问:"晓晓,接下来怎么了?"这女生真是太执着了点吧。

"嘉茜,别闹了,再说下去,你就得晕过去了。"

话题NO.5 吹牛

我还算有良心吧，很收敛地不表现我的吹牛能力了。

说完，我又掉头走了。还没走出两步，又被人给叫住了："姚晓晓！"

"哎哟，我的妈呀，怎么那么多人找我啊？"我不满地发着牢骚，再抬头看去，哇，居然是老班！

我的脸马上笑得成了一朵花，比翻书还快。

"哎哟！是老班，哦不，谭老师啊，老师你今天真漂亮！你从哪里买的这件衣服啊？真的很好看啊！我叫我妈咪也买一件来穿穿吧！不过肯定没老师您穿好看！哎？老师你这条裤子也不错，这条裤子又是从哪里买的啊？哇！老师你真有气质！搭配得真合适啊！老师我实在佩服您能搭配得这么好看！那个……老师您现在说说找我什么事吧？"

情况若是一紧急起来，我的拍马屁功夫就发挥到了极致。老师被我夸得头昏脑涨的，哪还记得找我干什么了？最重要的是，我刚才那一句不耐烦的话，也会被她忘得一干二净了。哈哈，我真是佩服我自己啊！

果然，老师轻易地放过了我。我回到自己的座位上，用手撑着脑袋，静静地发呆，一个吹牛大王必须具备的条件就是会发呆，而且发呆时想象的东西一定要有趣，这样的话才能有更多的牛皮素材吹给大家听，哈哈，这个吹牛绝技可是不外传的哦，你一定要保密！

快来"目瞪口呆岛"

我总是很容易就融入发呆的境界中：在发呆的世界里，我已经是鼎鼎有名的吹牛大王啦！每年的吹牛大赛，冠军得主都是我！

今年的吹牛大赛又开始了，我坐在擂主的宝座上，等待着挑战者的到来，第一位挑战者是个男子，年龄明显比我还大，不过我敢断定他肯定吹不出什么好牛皮，因为有童心的孩子才有可能吹出精彩的牛皮，而他一看就是个没趣的大人，怎么可能吹出好牛皮呢？

果然，他第一句话就是："有一天，我看到了一个人，他说他拥有100件古董。"晕倒，这还算牛皮，有100件古董算什么吹牛？

我开口就反击："某天我走到街上，突然有一个小孩走过来，说'我是外星人'，我不信，他就突然冲过来杀了我，我快要死的时候，他又扶起了我，让我离开了，我问为什么，他说，我是他的弟弟，十年前流落到了地球。"

听起来很荒谬吧，可是如果不荒谬的话就不叫吹牛皮了。

评委给我的分数是8.9分，远远高过那位大人，我赢的理由很简单，因为我编的理由更加让人感兴趣，不是吗？谁会去研究你家到底有多少古董呢？但是大家对外星人为什么要杀我，又怎么突然知道我是他弟弟会感到很好奇，着急听我说完下面的故事。

话题 NO.5 吹牛

第二个上来的是个女孩子,很冷酷的模样,透过眼镜,我可以看到她眼里的寒光。

"有一天,我掉进了河里,水神出现了,我叫他救我上岸,他说,只要我能把手指砍掉送给他的话,他就救我上去,我答应了,上岸以后水神拿着我的手指消失了,我就回到家里了。"

这个牛皮吹得不错,可惜结局太过于平淡。

"有一次我去沙漠旅行,在沙漠里,我迷路了。突然有一群土拨鼠从土里钻了出来,问我是否需要帮助,我让它们带我离开沙漠,它们答应了,不过它们说,如果我再次回到那片大沙漠的话,我将会死去,永不复生,问我是否愿意,我点头答应了。之后,我又去了一次那片沙漠,快靠近沙漠时,我感到头很痛,就像快裂开了,这时候我想起了土拨鼠的话,我相信了土拨鼠的话,从此以后都不去那片沙漠了。"

这一次,女孩的得分不低,不过,我还是以 1 分的优势险胜了她!

"吹牛大王万岁!吹牛大王万岁!"我在万人的欢呼声中走上领奖台,戴上了王冠……

"姚晓晓!姚晓晓!"

原来老班又来找我了,我立刻清醒了过来。

"我想起来我刚才要说什么了,姚晓晓,上周的辩论赛,

快来"目瞪口呆岛"

你这张能把活的吹成死的，死的吹成活的的嘴得到了第一名的成绩！"

"哇，真的吗？"我激动得快跳起来了！

哈哈哈，怎么样？我说我是吹牛大王吧，这回你信了吧？什么？还不够有说服力？好吧，那我答应你，如果我们能见面的话，我一定当面吹给你听！

阳光姐姐点评

好期待见一见慧丽同学呢，因为吹牛的故事，我还没听过瘾呢！这篇文章啊，故事性与知识性并存，不仅让你享受了阅读吹牛故事的乐趣，而且也教了你不少成为"吹牛大王"的高招，比如学会发呆就是必修课之一哦！哈哈，不说了，我也找个地方去发呆啦！

话题NO.5 吹牛

吹牛大王皮皮加

康竞文

皮皮加是实验学校五（A）班的超优生，长得帅，家境好，学习棒，还是个班长，但是大家就是不怎么喜欢他。这天来了一个转校生叫比比亚，皮皮加准备和他做好朋友。

"你好，比比亚！我叫皮皮加，我是这个班的班长！知道吗？我搬家了！"皮皮加笑嘻嘻的。

"是吗？恭喜恭喜！"比比亚回了皮皮加一个灿烂的笑。

"比比亚，我的新家可大了！上上下下十几层，一共几千个屋子！就算是从客厅沙发那走到客厅的茶几旁拿杯茶，也要用3个小时来坐汽车才能到达！"皮皮加伸出左手的3个指头，在比比亚眼前晃来晃去。"我的房间比咱们学校的操场整整大上一圈！我睡觉的床有咱们的篮球架子这么高，咱们的教室这么大！床垫子可软可软了，有一次我睡觉的时候，刚躺下，床垫子就被我坐出了一个坑，我就掉了进去！我爸我妈拿

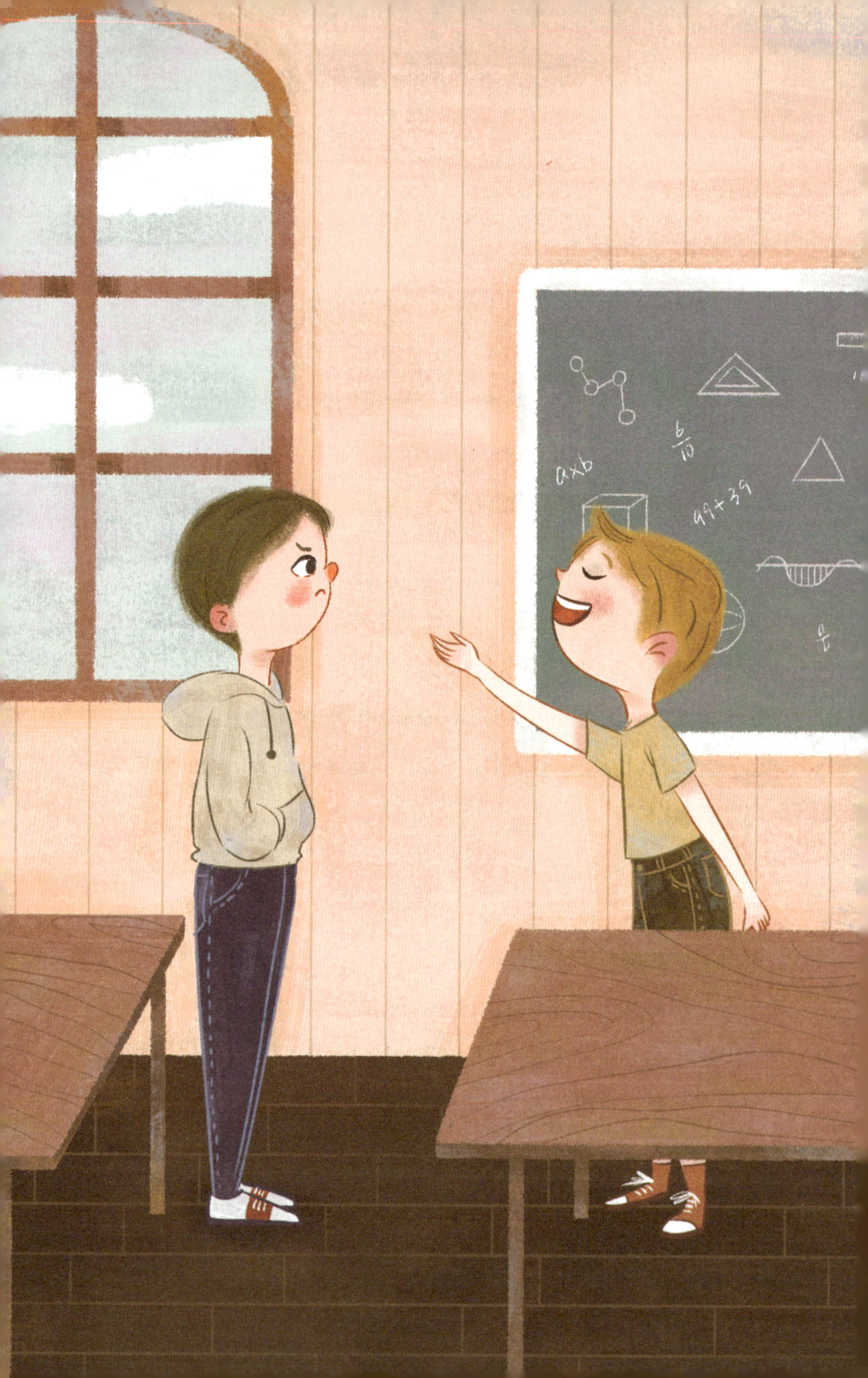
a×b
99+39

话题NO.5 吹牛

了好长的绳子才把我拽了出来！还有一次……"

"嗯……"比比亚看着滔滔不绝的皮皮加，不知道说什么好。

皮皮加突然又说："比比亚，我家买了一辆新车，车是红色的，特别特别亮！一天一个盲人经过我家车时，一下子就什么都看得到了！晚上我去院子里根本就不用开灯，有我家新车照亮！"

"是够亮的……"比比亚干笑几声。

"我家的新车啊，有个专门的男司机驾驶。男司机的头发又黑又长，"皮皮加张开双臂，使劲往两边伸，"你知道赤道有多长吗？他的头发比赤道还长！坐进车里，把整个车都给占了，我们的车还是加长超级版的呢！"这些话几乎是皮皮加一口气说出来的。他喘了一大口气，看样子他还要说下去。

"哦哦哦……你们家司机头发真长！"比比亚不断点头，他如果再听皮皮加说下去，恐怕耳朵都会起茧了。

皮皮加看到终于有一个人听他说话，更加兴致勃勃："是啊是啊！告诉你，不光我们家男司机头发长，我们家的女……"

"啊！"比比亚用手捶着自己的脑袋龇牙咧嘴，他再也听不下去皮皮加讲话了。"好了好了，我知道了！皮皮加同学，我要写作业了！很高兴认识你！再见再见！"比比亚像赶鸭子一样急哄哄地把皮皮加推出了自己的座位。

快来"目瞪口呆岛"

皮皮加疑惑地看着身后拍着胸脯喘着大气的比比亚。

"他好像不太喜欢听我说话。"皮皮加嘟嘟囔囔,"不过这是为什么呢?"皮皮加始终不明白。为什么大家都不喜欢他啊?

阳光姐姐点评

我倒是很想和皮皮加坐同桌呢,那样就有好多有趣的故事可以听了!能看得出来,兢文是个写作高手,不仅故事情节写得有趣,而且就连人物动作、表情的细节也不放过。你再仔细读读这个故事,是不是好像在听故事的同时,也能看到皮皮加那手舞足蹈兴奋吹牛的样子呀?

话题 NO.6

后悔药

快来"目瞪口呆岛"

【七嘴八舌小密探】

阳光姐姐：大家都知道世上是没有后悔药的。但现在，假设有一颗后悔药，你们最想改变什么呢？

我自闭了：我想回到考试前，把要考的知识点全背了，然后考个好成绩，过个开开心心的假期。

魔法绿盒子：假如有一颗后悔药，我想回到爷爷去世前，好好地陪伴他，让他不孤独。

疯帽子先生：我想……我想……哎呀，我想干的事情太多了，一颗后悔药哪够啊，能不能多给几颗？

大步小斌：如果只有一颗的话，我还是给我的好朋友小爱吧。她最近总闷闷不乐的，也许这颗药对她有帮助呢？

种花小海豹：我想回到和妈妈吵架前。我们已经冷战好几天了，唉，早知道吵完架这么难受，我绝对不会和妈妈吵架的。

莫挨我：吃了后悔药，我就要回到带小狗旺旺出去散步前，这样它就不会丢了，我现在好想它啊，期盼好心人把它带回来！

焦糖味麻花：吃了后悔药后悔了怎么办？再吃一颗，还不是会继续后悔？这一旦吃下去就是无限恶性循环哪！哦，我的

脑子又开始乱了。

不想起的小困：我要把这颗后悔药拿去拍卖！肯定有很多人疯抢的，到时候卖个好价钱，我就有好多零食吃啦，哈哈哈，想想就觉得激动呢！

【话题作文大PK】

武松不打虎

龚赛雅

话说武松上回在景阳冈，借着酒醉打死了大虫，酒醒之后，却寝食难安。母亲大人打小教育武松，大虫乃百兽之王，打死它实乃有悖侠义，这怎么不叫武松自责呢？

一连几天的茶不思，饭不想，武松日渐憔悴，面无光彩，失去了往日的威风。武松的哥哥武大郎心里急啊！不知为弟弟找了多少个大夫，抓了多少帖药方，可武松的状态并不见好转，反而每况愈下，武大郎一筹莫展，无计可施。梁山哥们儿鲁智深知道了，快马加鞭送来了一瓶神奇的"后悔药水"。打开说明书一瞧：此药能助你穿梭时空，重返往昔不如意的人生，改变一时之念铸成的大错，重塑光彩人生……武松读毕，心中大喜，没有丝毫犹豫，脖子一仰一伸吞了药水，等待着穿越的奇迹。

话题NO.6 后悔药

闭上双眼，武松的耳边只剩下呼呼作响的风声和人喧马嘶。等到一切归于风平浪静，耳边是潺潺的流水和百灵鸟的歌唱。

武松慢慢睁开眼睛，嘿！这是什么地方？树木葱茏，高山流水，自己正躺在一块大青石上享受惬意的森林气息。突然，从对面岩石后传来一声虎啸，武松正说"不好——"，眼前跳出一只吊睛白额大老虎。武松定睛一瞧，这只白额大虫形体雄健，色泽斑斓厚重，回眸一望，好一股神圣不可侵犯的王者风范！

说时迟，那时快，武松见老虎缓慢优雅地向自己走来，便一闪，躲在大虫背后。那大虫向背后看人最难，便把前爪搭在地下，显现出呼呼欲睡的样子。武松不禁纳闷：这大虫究竟怎么啦？怎么一改往日的奔扑剪跃的雄姿，难道它知道曾经死于我的哨棒和拳头之下不敢放肆？唉！今日我不是来重蹈覆辙，而是特意前来谢罪的。

武松慢慢向老虎靠近，欲伸手抚摩它那柔顺的皮毛。不料，老虎仰天长啸，山林摇撼。显然老虎被激怒了，它兽性大发，翻身抖抖自己身上的长毛，翘起尾巴欲向武松扑过来。武松只一跳，却退了十步远。远远地望着眼前的老虎，暗暗叮嘱自己，这次可千万克制，不要再伤害它的性命，还是离它远点！

老虎威风凛凛地站着，目光冷冽；武松出神地望着，热情洋溢。过了许久，耳边突然传来警车的鸣笛声，从车上下来几

快来"目瞪口呆岛"

个警察,他们为了游客武松的安全押着武松离开了山岗,并劝他游览要坐在安全车里。

原来武松喝的后悔药水,已经过期了,他穿越错了年代,来到的是现在被国家定为AAA级旅游景区的景阳冈森林。

哎!梁山也卖过期的药啊……

阳光姐姐点评

有这么一只酷毙了的大老虎给小作者当啦啦队,能不赢得PK赛吗!你看看啊,缓慢优雅的步伐,奔扑剪跃的雄姿,翻身抖抖自己身上的长毛的帅气,翘起后尾欲再扑腾的傲然……果然是百兽之王啊!那可不是吹的!

话题NO.6 后悔药

后悔药的妙用

黄鑫晨

"哈欠……唉！好困呀！"我拍拍脸，看看镜子里的自己，还是第一次见到这么大这么黑的熊猫眼呢，真不该看电视看到凌晨三点啊。

我无精打采地背上书包上学，路旁小店铺的店主老奶奶主动向我打招呼："嗨，小朋友，要不要买一瓶今年新出的后悔药呀，买一送三哦。"

原本我对后悔药没什么兴趣的，可这么优惠，便宜不占白不占嘛！我迅速买下一瓶，仰头就喝，"咕噜咕噜"，后悔药在嗓子眼里上下蹦跳，好像遇见了什么开心事儿似的，转眼间，黑眼圈消失得不留任何痕迹。

"嗨，大家好。"我向同学们挥挥手，眉飞色舞地说。

大家用疑惑的眼神看着我，就连我的死对头也和他的朋友悄悄地说了一句："你们看，她今天是不是吃错药了呀？怎

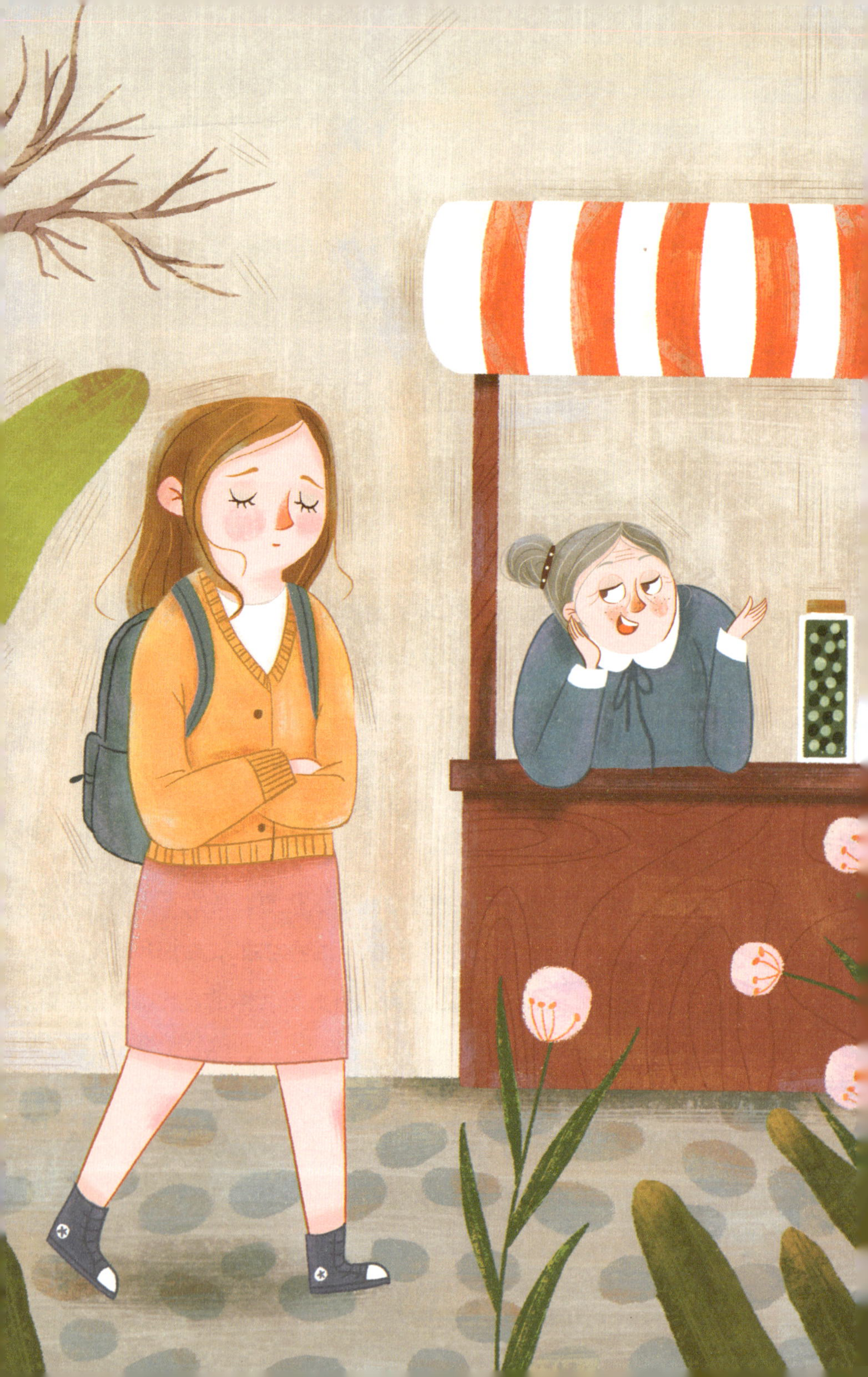

话题NO.6 后悔药

么主动和我们打招呼？"

"丁零零"，上课了，我们各坐各位，趁着老师还没来，开始偷偷地讲话。老师刚踏进了教室门一步，教室里顿时鸦雀无声。

老师布置我们写《习字册》，我有个字写错了，正想从笔袋里拿修正贴，找了半天也没有找着，只好问同桌借。

我剥了一张，盖上盖子，随手一抛。一道美丽的弧线过后，只听"啪"的一声，不出所料，修正贴的塑料壳真的散架了。没等同桌发火，我立马吃了一颗后悔药，一个完整的修正贴又出现在我手里。这回我小心翼翼地递给了同桌，同桌一脸惊异地打量着我："怎么动作变这么小心了，又吃错药了？"嘿嘿，我才不告诉你真相呢。

一个美好的星期天，我和小伙伴们在一起打排球。打得正起劲时，只听"咔嚓"一声，邻居王奶奶家的玻璃被打碎了。

我见了，心怦怦直跳，急得像热锅上的蚂蚁，赶紧掏出一颗后悔药直往嘴里送，狼吞虎咽地咀嚼起来了。"咕咚"，后悔药终于咽下去了，快噎死我了，我差点儿成了"哑巴"。

一块崭新的玻璃出现在我的眼前，看起来比原来的更有光泽、更透明剔透。这下可把我给乐坏了。

自从有了后悔药，大家说我像变了一个人，不再是个大迷糊，而且，我也渐渐改掉了那些坏毛病，不再去买后悔药，谁让卖后悔药的老奶奶不再打折了呢。

快来"目瞪口呆岛"

阳光姐姐点评

哎呀呀呀,这后悔药真是好东西!做错了的事如果都可以从头再来,那可真是妙妙妙!不过总不能所有错事都反复更正吧,所以后悔药的最大妙用,不在于更正错误,而是吸取教训,避免错误。小作者改掉了大迷糊的毛病,显然是明白了这个道理!赞一个!

话题NO.6 后悔药

后悔药

邱慧伶

"千金买不来一瓶后悔药!"我郁闷地嘟囔着。

这次期中考试,我快把肠子悔青了。数学竟然只有92分,目标可是一百呢!都说理想很丰满,现实很骨感,但这现实也太——太——太骨感了吧!看着这些因粗心而被扣掉的分,我不禁仰天长啸:好想有颗后悔药啊!

"啪",一瓶后悔药掉在了我的桌子上,旁边还附上一张字条:这是你的后悔药,该怎么做,你懂的。这是哪位神仙姐姐听到了我的祷告?我一把抓住药瓶,小心翼翼地用舌头舔了一下,好像也没有什么异味,便不顾三七二十一,吞下了所有的药。

时间果然倒回到了数学考试的那天。我坐在椅子上,检查着自己所有写过的答案,突然想起那些错题,赶紧用涂改带小心涂掉。不时张望一下四周,像一个偷东西的小偷正在

快来"目瞪口呆岛"

作案。同桌正咬着笔头想题目,王呆托着脑袋发愣,班长大人已经做完,正认真地检查题目。最重要的是监考老师,她低着头,看着自己的手表,根本没注意到我。我的小心脏终于踏实下来。

我看着那被改过的题目,心里有些激动,又有一点点的紧张:要是大家发现我作弊嘲讽我怎么办?老师如果发现这个成绩不真实,从此不再相信我了怎么办……我的手突然有些颤抖,越抖越厉害,我这样做真的对吗?

"考试时间到,请每组最后一个同学把卷子收上来。"老师的声音打破了我的沉思。眼睁睁看着自己不诚实的试卷交了上去,很是难过。

宣布成绩那天,老师用非常激动的语气对我说:"恭喜你啊,你是全班数学唯一得100的,真不错,下次继续努力。"我一步又一步艰难地走过去,手有些颤抖地接过那个百分的试卷。心里一点也高兴不起来,感觉一点意思都没有。

"她是一个骗子!她作弊!她是一个大骗子!"试卷上的100分突然叫了起来,"她是一个大骗子!大骗子!"

"别睡了,快醒醒!"同桌"粗鲁"地推醒我,指指刚走进教室的数学老师,我睡眼惺忪地睁开眼睛,看见桌子上那张沾着点口水、写着鲜红的92分的数学卷子,甜甜地笑了。

千金买不来一瓶后悔药,给我千金我也不要!

话题NO.6 后悔药

阳光姐姐点评

哈哈，看来这后悔药不是谁都能吃的，旁边附的字条上应该再写一句：有心脏病者禁止服用！小作者改正了错题，心虚得手抖个不停，让我也忍不住抖了起来。是啊是啊，亏心事是不能做的，用后悔药做亏心事，那地球就会乱套啦！

快来"目瞪口呆岛"

友情无须后悔药

李铭洋

一

"同学,这么晚了,你还在这里做什么?"值班的老师冲我大吼了一声。

"哦,我马上就走!再等一下!"我胡乱地将一本日记塞进抽屉,关上灯,匆匆忙忙地带上门离去。

自从班上开始谣传"我最好的姐妹整天在日记里骂我"时,我便"养成"了这个习惯——偷看日记。没错,之前我胡乱塞进抽屉的,就是我好姐妹的日记。日记里有许多"我恨你"之类的话。感叹号被重重地写下,画烂了好几张纸。抚摸纸面时,你完全觉得这就是一本给盲人读的书。

我跑回宿舍,轻轻地、无奈地叹了口气。推开寝室的门,一股暖气扑面而来,我冻红的耳朵立即感应到一阵不适应的酥

话题NO.6 后悔药

麻。"哎,你回来啦,怎么又这么晚?外头很冷吧?"琦对我说,顺手指了指一袋零食,"给你留了一点。"

我见她轻轻地笑着,圆圆的脸显出憨憨的模样。可是这模样,我越看越假,最后只是轻回一句"没兴趣",便走去洗漱。

表面上笑脸相迎,暗地里却是无形的厌恶。那么,曾经一起拍视频、一起写小说、一起逛街吃饭,全是假的吗?

真希望有一瓶后悔药,这样我就可以让自己不去偷看,也不会多出这么多烦恼。

二

"啪"的一声,一本日记重重地砸在我的桌子上,我瞥了一眼,不冷不热地说:"有作业不做,怎么跑到我这里来扔日记本?"

琦愠怒的面孔上添了几分鄙夷:"你好意思说我?你居然每天借着打扫清洁的名义偷看我的日记本!"说着,她又一拳砸在我的桌子上。拳头在桌上滑了一下,"刺啦"一声撕裂了我的练习卷。

我抬头望着她,声音依旧是平静如水,好像在说"吃了吗"之类的话:"彼此彼此。"我推开桌子准备离开。

"我在日记里写什么跟你有关系吗?"琦一把拉住我。我想她是准备和我翻脸了。不知怎的,心莫名地抽搐了一下。但很快,我呵出一句:"虚荣。"

她瞪大眼睛,竟因为生气而肩膀发颤:"你……"周围围观的人越来越多了,渐渐地,指责的声音也越来越响。

琦涨红了脸,索性指着我的鼻子,龇牙咧嘴地说:"我就是不服你!我明明很努力地在学习,我明明比你学习好,为什么大家都更喜欢你呢?"她滑坐在桌子前面,眼泪"啪嗒啪嗒"地落了下来。

什么时候,因为成绩,我们变成了这样互相憎恨的人?我真希望有一瓶后悔药,回到我们懵懵懂懂,傻傻在墙角结拜的时候。

三

晚自习,大家都在搞题海战术,唯独我,趴在桌子上,尽量把自己蜷缩起来,让自己小一点,再小一点,最好就这样消失在空气中。泪水浸到衣服里,迅速蔓延到整个袖口。照自己现在的成绩,虽然考上"二线"的中学没有问题,但要考上省重点非常难。

突然,有人拍拍我的肩。我受宠若惊地弹起来,一瞬间,我的眼睛被惊骇占据了——是琦!她沉默地掏出一张纸,给我擦了擦眼泪。

"你……为什么?"我望着她,眼泪滚滚而下。

话题NO.6　后悔药

"你哭起来超难看的,"她扶了扶眼镜,没有回答我的问题,"赶快振作起来吧,不是说好了一起直升的吗?难道你想反悔?"犀利的眼神让我心虚了不少。

"我……我考不上啊。"我急得眼泪又往下滚了几滴。

"笑话,你要是说自己考不上,我就不信我们班还有敢说能考上的。"她递给我一个鼓励的眼神。

"加油噢,一定要考上。你,还有我,我们还要在初中继续做朋友呢,不是吗?"她扬起嘴角。渐渐地,我感到有什么东西重新回到我的心里。

友情,不需要什么后悔药,真正的朋友,一直都在我们身边。

阳光姐姐点评

十几岁年纪的友情总是会有这样或那样的小矛盾,但这个年纪的朋友又像是古陶,珍贵而再难得。三个镜头的描写叙述是简洁而生动的,直接呈现了最细节的语言、表情、动作、心理,让人像看电影一样,忍不住为主人公的友谊紧张起来,可是,又有什么好担心的呢?纯洁的友谊总是有自我净化的能力,善良包容的心,从来不需要什么后悔药。

快来"目瞪口呆岛"

让人后悔的后悔药

薄睿宁

俗话说得好,"世界上没有卖后悔药的"。

可是,这一在理论上来说根本不可能的事情,被爽歪歪博士解决了。

他和他的助手整整费了九九八十一天的工夫,经过几万次实验,才研制出三瓶"后悔药"来。当时,爽歪歪博士斑驳的双鬓显得更白了,脸色十分蜡黄,衣服也因为实验而被烧得"面目全非",他凌乱不堪的头发上沾满了污渍。但是他什么也不顾了,就像是一个赌徒赢了五百万一样,拿着刚刚发明的后悔药欢呼起来。

突然,"啪"的一声,不知是由于爽歪歪博士激动还是什么原因,一瓶后悔药被他打碎了。爽歪歪博士懊恼不已,他拍着自己的脑瓜,一下子蹲下来,双眼紧闭,痛苦地开始埋怨起自己来。现在,只剩下两瓶后悔药了。不过,这两瓶后悔药也

话题 NO.6 后悔药

够爽歪歪博士变成大富翁了。

突然，一个魁梧的男人走了进来，低着头，好像犯了什么大错。那是爽歪歪博士的独生子——爽成。

"怎么了？你又赌输了？你这个败家子！"爽歪歪博士恨铁不成钢地说。

那人低下头，"爸爸，我错了。我把咱家的车跟房子都输了！哎呀，世界上要是有卖后悔药的就好了。我以后肯定不赌了。"说着，他竟然啜泣起来。

"哼！世界上，没有卖后悔……后悔药的？我有啊！给你一瓶，你还是好好经营你那半死不活的公司吧，别再赌了。"爽歪歪博士小心翼翼地递给他一瓶后悔药。

"是，是，是。"爽成退了出去。

"哎，我这不争气的儿子啊！爽歪歪博士叹了口气，"走，我们让这瓶后悔药去造福人类吧。"爽歪歪博士和他的助手说着就一起去了拍卖馆。

此时，爽歪歪博士成功研制后悔药这个事情已经被传得沸沸扬扬，拍卖馆外人山人海，人们热血沸腾，都轰动了，纷纷打算出天价竞得此物。

拍卖活动进行了七七四十九天，终于一个蒙面人成功拍得宝贝，然后，带回家。

快来"目瞪口呆岛"

　　爽歪歪博士也长出了一口气，他本想让大家不会因为后悔而心生遗憾的，可是遗憾还是频频发生，比如自己打碎了一瓶后悔药，比如自己怎么没有能多研制出几瓶后悔药……

　　爽歪歪博士越想越后悔，早知如此，何必当初！但是，等爽歪歪博士一回家，竟然看见了儿子爽成正跪在门前，疯狂地扇自己的耳光，说："爸爸，我喝了后悔药，本来想到赌场翻本的，但是——但是我又输了，这次，我的公司都没了。我的天啊！"

　　爽歪歪博士头一歪，晕了过去。过了一会儿，爽歪歪博士悠悠醒转，打开了电视机，想放松放松心情。新闻频道此时正在播放有关后悔药的广告。但是发明人竟然是他的死对头——黑心心博士。爽歪歪博士突然间什么都明白了，他想起了拍卖场上的那个买他后悔药的蒙面人，他就是黑心心博士。肯定是黑心心博士喝了后悔药之后，加紧研究后悔药，结果就真的研制出了在市场上销售的后悔药。

　　想到这里，爽歪歪博士后悔极了，自己怎么就没有想到这个商机呢？唉！爽歪歪博士仰头长叹道："后悔药啊后悔药，即使有后悔药，人们还是会后悔呀。"

话题NO.6 后悔药

阳光姐姐点评

如果光是后悔,却不去真心改正,那么吃再多的后悔药,也还是会不断地后悔。后悔药,也变成了无用的"让人后悔之药"。睿宁的小故事里包含着很深刻的大道理,对于"后悔药"这个题目,审读得十分仔细,因而写作角度也十分新颖特别。

快来"目瞪口呆岛"

想吃一颗后悔药

赵景琛

  学校门口的小卖店里新进了一款游戏机，功能很多，价格很贵，50元。

  我很希望得到这款游戏机。可是不管白天还是夜里做梦，睁开眼总是一场空，天上不会掉游戏机。张口找爸妈要钱吧，我家刚刚建好新房，欠了很多债，为此爸爸出去打工了，妈妈也在村头的一个木材加工厂打短工。如果是学习机妈妈可能让我买，游戏机，唉，想都不用想。那么——哎，对了，如果说是买资料，妈妈肯定会支持的！可是，撒谎，能行吗？看着别的同学拿着游戏机玩得走火入魔，我也顾不得那么多了。

  下午放学回到家，我努力掩饰住内心的慌乱，一本正经地对妈妈说："妈妈，老师明天让交资料费，得50元钱。"

  "哦，是吗？真不巧！今天刚还给人家安窗户的钱，家里没这么多钱。我给你借去。"妈妈说完，急匆匆地出去借钱

话题NO.6 后悔药

了。看着妈妈转身而去的背影,我真想叫住她,可我的嘴张开了一半又合上了。在我的印象中,妈妈从来不轻易求人,可这次,她破例了。

过了好长时间,妈妈回来了:"唉,现在的钱难借啊!就这50元钱,我跑了三家才借来。"妈妈边说边把钱递给了我。"有了资料要好好写,你看妈妈借个钱多不容易啊。""嗯。"我怯生生地答应着,从妈妈粗糙的手里接过那50元钱,我不敢直视妈妈的眼睛。

第二天,在大家羡慕的目光中,我爱不释手地玩起了属于我的游戏机。《植物大战僵尸》《太空战士》……我沉浸在游戏的世界里。放学回家时,我把游戏机放在书包最底层,生怕妈妈发现了。晚上,写过作业,我就干脆躺在被窝里打游戏。这一切,妈妈似乎毫不知情。

直到有一天夜里我玩着玩着,游戏机也没关竟睡着了。第二天醒来,游戏机不翼而飞!"糟了,肯定是妈妈发现拿走了。"我呆呆地坐在床上,不知怎么办才好。

"景琛,吃饭喽!"妈妈在呼唤我。我满脸燥热地慢腾腾地走向餐桌。看着妈妈做的香喷喷的菜肴,我却没有一丝食欲。妈妈还是满脸灿烂,可我总觉得妈妈的眼光像利剑。妈妈边吃边给我夹菜,好像没一点儿事似的,也丝毫不问游戏机的事。我忐忑不安地吃完这顿早餐,等候迎接妈妈的"狂风暴雨"。

快来"目瞪口呆岛"

谁知妈妈还是很温和地对我说:"上学吧,记得认真听讲哟。"

那天以后,我上课特专心,作业写得特认真。到了期末,我的成绩特棒!当然,妈妈后来也把游戏机还给了我。

如果世上真有后悔药,我一定会吃上一大把,为了自己的良心,也为了妈妈!

阳光姐姐点评

一边是游戏机的巨大诱惑,一边是撒谎后内心的不安和自责,这两种心理让小作者的内心充满了纠结和挣扎。我想,大概每个小朋友都曾经有过这样的犯错心理体验,当读到小作者对自己犯错过程的内心描写时,都会产生一些共鸣吧。这篇文章最棒的地方也正在于此,心理描写很真实、细腻。

太上老君的后悔药

周宇杰

话说刘备得知关羽被杀,张飞遇刺,那个怒气冲天啊,于是,立刻亲率八十万大军强攻吴国。刘备将大军连营驻扎在山林茂密的地方乘凉休息,不料正中陆逊下怀,陆逊纵火大破蜀军。刘备战败退守白帝城,整日神情恍惚郁郁寡欢,终于一病不起,交代后事,黯然离去。

刘备离世后,因关德圣君极力推荐,被封为玄德圣君,专门监管凡间。

这天,刘备来到南天门,四下观望。突然,他发现长江下游地段燃起熊熊大火,狼烟弥漫,战火遍布着大地。他立即唤来千里眼和顺风耳,一探虚实。原来这是魏国与蜀、吴三国之间的最后决战,烽火三月,兵荒马乱,人间生灵涂炭。一个星期下来,魏国军队以势如破竹之势攻克了两国城池,刘备看了,往昔浮现心头,感慨万千:"唉,想当年,我雄霸天下,

快来"目瞪口呆岛"

只因疏忽大意,几十年大业毁于一旦。如果当时我能再克制一点,也许结局将完全不同。唉!如果可以从头再来,那我将不会重蹈覆辙。"

刘备走了两个来回,望望雄伟的南天门,想想自己过去的经历,心里实在是不甘啊!他有一种重返人间的欲望,他多么想重塑自己的过去和未来。

刘备又走了两个来回,谁能帮助自己呢?他想到了太上老君,他那里灵丹妙药数不胜数,不知那里有没有后悔药?

强烈的欲望催促着刘备立马赶到了太上老君的府邸。刘备给太上老君弯腰施礼过后就开门见山,眼里流露出兴奋和期盼:"太上老君啊,您给我一颗后悔药吧!我想给自己的人生添上绚烂的一笔,画上一个圆满的句号,我有太多的梦想没有完成……"太上老君若有所思,面露难色,不过最终还是答应了刘备的请求。

刘备喜出望外,接过一颗亮如珍珠的黑色药丸,一边言谢一边忙不迭囫囵吞下。刹那间,只觉得天旋地转,头晕目眩。当刘备再次睁开双眼时,他已经坐上了自己的坐骑的卢马,一下子又回到了沙场。黄沙漫天,尘土飞扬,鼓声喧天,一场恶战就在眼前。这次,刘备胸有成竹,不敢怠慢,连忙收手,击鼓收兵。他撤回出兵东吴的命令,还任命常山赵子龙为教官,日夜训练,整肃军容,而刘备自己也以身作

话题NO.6 后悔药

则，励精图治。

两年后，奇才陆逊病逝。刘备看准时机，令黄忠、马超各率五千精兵、再令赵云率一万步兵牵制敌人主力，又任魏延为"轻骑将军"，率领一万骑兵、两千弩兵截断敌人后路。再由刘备亲率三万轻骑，偷袭敌后。最后四路兵马合兵一处，彻底击溃吴国。战阵一开始，敌军就被打得丢盔弃甲，溃不成军，四路人马将吴军残部赶入华容关。这时魏延又率一支神兵奇袭敌人右侧，左右夹攻，吴军全军覆没。

刘备高举雌雄剑，仰天长啸："老夫终于东山再起，不枉此生，不枉此生啊！哈哈……"

刘备完成了毕生最大的遗愿，返回天庭后神采奕奕，满面春光。众神见刘备用了后悔药效果明显，都想向太上老君讨上几粒后悔药，完美自己的人生。

据说太上老君要开连锁店了。

（此文为小说，跟三国历史全无关系。特注。）

阳光姐姐点评

这是一个大团圆式的喜剧结局呀！不过仔细想一想，如果陆逊也向太上老君买到了后悔药，死而复生，再与刘备大战数年，不取胜誓不罢休，那该如何是好？从此吴、蜀两国战火不断，为了自己的完美人生，百姓将永远生活在连天战火中，想想真是可怕哦！所以，

快来"目瞪口呆岛"

我预测太上老君的连锁店虽然生意红火,最后还是一定会被玉皇大帝查封的。生活中有时会有许多无法改变的遗憾,我觉得,坦然接受这些遗憾,比吃后悔药的效果,似乎会更好些。

话题NO.6 后悔药

人类的忏悔

朱玉婷

在离地球很遥远的一个垃圾星球上，生存着形态各异的外星生物。

垃圾星球是一个环境肮脏的星球。如今，这颗星球即将被黑洞吞噬，它们得在家园消失前找到一个新的落脚点。星球大王看中了邋遢的地球，它派蚂蚁安本去考察这个地球。

安本来到地球，花了一百万美元买了一个传递器，和远隔千里的垃圾大王进行秘密的联系：

"报告大王，地球环境肮脏，适合我们生存。"

"很好，安本！现在封你为'寻国先锋'。进一步观察地球环境，及时向我汇报。"

"是，大王！"安本带着命令，在狼藉的地球做考察。全球各地被垃圾笼罩着，腐臭的味道使它欣喜若狂。

夜晚悄悄降临，天空给大地蒙上了一层黑面纱。安本躲

快来"目瞪口呆岛"

在丹妮家的院墙外收到了垃圾大王给它发出的信息：

"后天我将与臣民们侵占这颗星球。你要做出相关准备。"

"是，大王。"

这一系列对话被在院里玩耍的丹妮一句不落地听在耳里。她心急如焚，为人类着急。

第二天一早，天还没亮，丹妮就早已来到了世界广播台，想向人类发布这个消息。丹妮迅速走到电台楼前，门卫拦住了她。

"请问你找谁？"门卫目不转睛地瞪着她。

"广播员！我有很急的事要向他说！"丹妮急得直跺脚。

"对不起！请问你有预约吗？"门卫眼里透露着得意的目光。

"这件事牵连世界，一刻也不能耽误。快放我进去。"丹妮也毫不泄气。

"什么事？"门卫问。

"这……"

"怎么啦，小姑娘？"一个男子冷不防冒出一句话把丹妮吓了一跳。

"广播长好！"门卫赔笑道。

"叔叔，是这样的，明天外星生物就会来侵占地球，如果我们还是这样乱扔垃圾，明天就是地球的末日啦！一定要让地球居民在明天前清扫掉所有垃圾。"丹妮一口气说到底。

话题NO.6 后悔药

"哈哈哈……"过了好一会儿,广播长才忍住了笑,"小姑娘,你上学了吗?"

丹妮点点头。

"精神病学校?"

丹妮彻底绝望了,转身离开了电台。

"我不能就这样干等着吧?"她很不甘心,"对呀,我怎么没有想起他呢!"

丹妮撒腿跑到了贝斯博士家。

"博士,博士。"丹妮一边敲门一边叫道。

"怎么啦,我的小公主?"贝斯博士见了她这样着急便问。"博士,事情是这样的……"

黄昏来临,垃圾大王带领大军慢慢向地球靠近,越来越多的人围在街上,拿着天文望远镜仰望天空。贝斯博士也将研制成"后悔药"。

夜里12点的大钟敲响,"它们来了。"贝斯对丹妮说。丹妮紧紧咬着嘴唇,提起药粉和贝斯一起加入护国战斗。

垃圾大军毫不示弱,用麻电电昏了人们。看到一个个人倒在身旁,剩下的人们哆嗦着。

丹妮冲进电台,拿起话筒,向世界人民发起警告:"如果时间倒流到一个星期前,你们能让世界变得清洁吗?这样外星人就会放过你们!"

快来"目瞪口呆岛"

"我们会的！"人们悲痛欲绝，后悔不已。

垃圾大王看着地球人，心中一阵疑惑："时间倒流？这个小孩在开玩笑吧？"

还没等垃圾大王回过神来，丹妮已撒下后悔粉，粉末盖遍整个世界，角角落落都聚集了。

唰，时间迅速倒流，回到了一周前。

人们竭尽全力地打扫着，地球上的一切变得整洁、清净了，人们都感受到了如今这个世界的美，不禁忏悔自己的过去……

阳光姐姐点评

读了这篇文章，不知道大家有没有像我一样，大脑立刻飞速旋转起来，觉得人类应该忏悔的事情还有很多：环境污染、战争等。如果后悔药能够教会人类学会忏悔，懂得珍惜，那世界该会变得多么美好！

话题NO.6 后悔药

圣诞老人想吃后悔药

任蔷羽

最近一段时间，圣诞老人在到处打听哪儿有卖后悔药的，他的肠子都悔青了啊！因为他给小朋友送礼物时，总是遇到倒霉的事儿。他不是钻进烟囱的时候被卡住，就是溜进房间的时候踩到老鼠夹，还有一次竟然被人当小偷痛扁了一顿。

这天他又来到了红弹头家，吸取以前的教训，他不敢爬烟囱了，而是采用了非常手段——轻轻地敲了敲大门。

门开后，圣诞老人惊奇地发现，一位长发飘飘的绝代佳人站在自己面前。"您，您就是红弹头？"女孩嫣然一笑说："我是红贝贝，红弹头的姐姐。"这时书房的门开了，走出来一位大眼睛的小男孩，对着圣诞老人说："我叫红弹头，今年11岁，我喜欢帮助别人，热爱交朋友，有问题尽管来找我！"

圣诞老人就顺着他的话头说："我有问题啊！我都快被玩死了！我不愿意再当圣诞老人了！"红弹头眉毛一扬说："这

快来"目瞪口呆岛"

样吧!你来做小学生,让姐姐陪着做作业;我来当圣诞老人,去给小朋友发礼物!"圣诞老人一听,差点没乐出声来,小学作业有什么难啊,再说还有那位如花似玉的红贝贝陪着呢!当即就忙不迭地把驯鹿雪橇和装礼物的口袋交给红弹头,然后跟着美女红贝贝坐在了书桌前。

红贝贝先拿出一大摞语文作业放在了圣诞老人面前,第一项作业:默写课文。圣诞老人一看,只有几百字,心想都说中国孩子作业多,看来有些言过其实了。他认真读了几遍,就会背诵了,然后开始默写课文。红贝贝讲了老师的要求:"一个字都不能错,错一个字罚抄整篇课文10遍。"因为怕被罚,他默写得特别认真,写完了还仔细检查了几遍才交给红贝贝。

红贝贝对照课文检查之后说:"'可是'写成了'但是','突然'写成'忽然',错了两处,抄课文20遍!"圣诞老人马上找红贝贝理论:"这'可是'和'但是','突然'和'忽然',意思难道不一样吗?""跟课文不一样就算错,今天不抄,明天老师会加倍罚!"

没有办法,圣诞老人只好把课文抄了20遍,直抄得天昏地暗两眼昏花。抄完再默写,虽然加了十二分的小心,无奈上眼皮直打下眼皮,一不留神又错了一个字,又被罚抄写课文10遍啊!抄完10遍课文,圣诞老人手都麻了,为了接下来默写全对,他用冷水洗了洗脸,又在太阳穴涂上了风油精,还用

话题NO.6 后悔药

小夹子把眼皮夹上,然后再默写课文,谢天谢地,这次终于过关了。

圣诞老人刚要收拾书包去睡觉,红贝贝又抱出两大摞作业说:"还有英语和数学作业没写呢!"圣诞老人终于崩溃了,他老泪纵横仰天长叹:"有后悔药吗?我要吃一片啊!我宁愿被烟囱卡住,我宁愿被当小偷痛扁,也不愿意再当小学生了!"

阳光姐姐点评

呼!好惨!现在的小学生啊,真不容易!虽然故事有一点点夸张的成分在里面,但是也不难读出其中一些合理的"控诉"。无意义无止境的作业,是会让大家丧失学习兴趣的,然而学习本身应该是一件很有趣的事情,让学生在厌恶与痛苦中学习,这是教学方式出了问题。文章中表达的隐含的观点,很值得我们思考。

快来"目瞪口呆岛"

天下没有后悔药

任奕豪

很久以前,有一位医术特别高超的人,可以说他的医术是"前不见古人,后不见来者"。

他的名字叫厚慧,他不但待人宽厚,而且聪慧勤劳,地球上没有他治不好的疾病,再难的顽疾只要厚慧把脉问诊,开出药方,保准药到病除。纵然有人做事出了差错,没有达到预期的目的,只要按时服用厚慧配制的药,就能弥补一切。厚慧治疗了多少病症,连他自己都记不清了,慢慢地,人间的疾病、痛苦变得越来越少,最后这些疾病完全从地球上消失了。没有痛苦,没有烦恼,没有忧愁,没有积怨,地球上到处充满欢声笑语,人们摆脱了痛苦的折磨。

厚慧能治百病,人们发自内心地感谢他,称厚慧配制的药为"厚慧药"。人们时常挂在嘴边:"厚慧药"是好药,能药到病除。只要厚慧在,就不会出现后悔的事情。有了"厚慧药"

话题NO.6 后悔药

就有了无穷无尽的快乐，人就不会烦恼了。

天下有"厚慧药"的消息很快传到了地球之外，不久后，就连外星人都知道了，此时此刻，外星球正为疾病、悔恨、痛苦、懊悔影响了他们的正常生活而苦不堪言。外星人的尖端科技比较先进，但在寻医问药方面的水平着实不敢恭维，外星人发现地球上有个能医善药的高人——厚慧，知道厚慧能祛除一切疾苦，外星人仿佛看到了大救星，就在一个风高月黑之夜趁人熟睡之时抓走了厚慧，带回外星球控制起来了。

人们知道厚慧被外星人掠走时追悔莫及，后悔没有保护好他，只有设法营救厚慧。可是，地球上的人无法打败外星人，地球人一次次失败了。拯救厚慧没有取得成功，人们也开始烦躁、懊恼、痛苦不堪，再加上疾病死灰复燃无人能根除，没有治病良药，烦恼、痛苦越来越多，人们甚至失去信心，只能面对天空，朝着软禁厚慧的星球大声疾呼："厚慧啊！天下真的没有'厚慧药'了吗？"一遍又一遍大喊，后来就成了"后悔啊！天下真的没有后悔药了吗？"慢慢地，这句话就流传下来成了"天下没有卖后悔药的"。

从此，地球上的人多了许多后悔的事情，人们心烦意乱，追悔莫及，因为做错事，无法弥补而后悔不已；因为辛勤的付出而理想没有实现，大家就会十分沮丧，懊悔难当！要是在以前吃一剂"厚慧药"就治好了，可是，现在天底下找不到这样

快来"目瞪口呆岛"

的药了，人们只能忍受痛苦的折磨而又无可奈何。

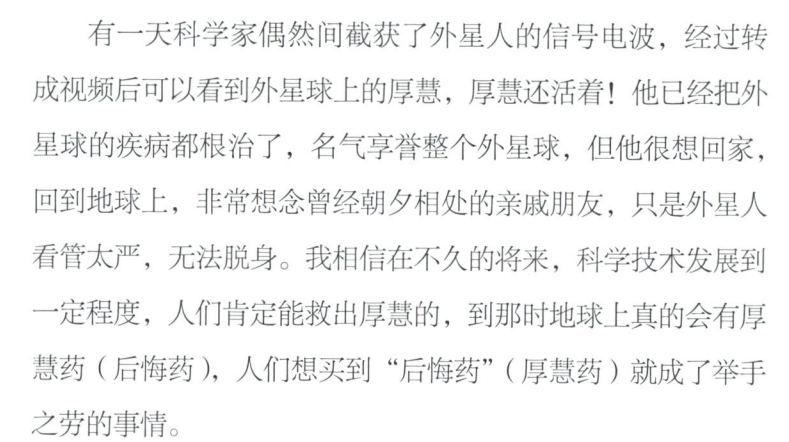

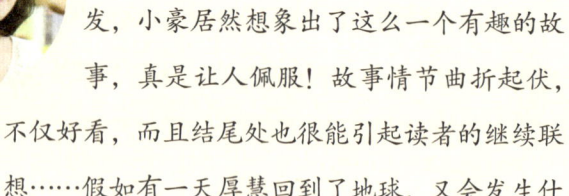

有一天科学家偶然间截获了外星人的信号电波，经过转成视频后可以看到外星球上的厚慧，厚慧还活着！他已经把外星球的疾病都根治了，名气享誉整个外星球，但他很想回家，回到地球上，非常想念曾经朝夕相处的亲戚朋友，只是外星人看管太严，无法脱身。我相信在不久的将来，科学技术发展到一定程度，人们肯定能救出厚慧的，到那时地球上真的会有厚慧药（后悔药），人们想买到"后悔药"（厚慧药）就成了举手之劳的事情。

阳光姐姐点评

从"天下没有后悔药"这一句话出发，小豪居然想象出了这么一个有趣的故事，真是让人佩服！故事情节曲折起伏，不仅好看，而且结尾处也很能引起读者的继续联想……假如有一天厚慧回到了地球，又会发生什么故事呢？呵呵，聪明的小读者，你能为这个故事写个续集吗？

话题 NO.7

美食

快来"目瞪口呆岛"

【七嘴八舌小密探】

阳光姐姐：假设我现在身上只有20块钱，你会推荐我去吃你家乡的哪些特色小吃呢？

小兔子：啊，欢迎阳光姐姐来吃货的天堂——成都，你一定要来一锅正宗四川辣火锅，如果实在怕辣，那就再来一碗玫瑰糍粑冰粉吧，绝对是颜值超高的绝佳消暑圣品哦。

我和我最后的倔强：虽然在全国各地都能吃到臭豆腐，但还是长沙的黑色臭豆腐最为正宗，还有一不注意就会烫嘴的糖油粑粑，甜丝丝，入口即知美味。

阿X：我的家乡青岛是一座美丽的海滨城市，各种海鲜既便宜又新鲜，我从小就特别喜欢吃烤鱿鱼和辣炒蛤蜊，我觉得阳光姐姐应该也会喜欢上这种海边的味道的。

大脸猫爱吃鱼：我强烈推荐糖火烧、豆汁儿、爆肚、灌肠……算了算了，真的太多好吃的啦，要不你就亲自来北京看看，哈哈……

背多分：谁说煎饼卷大葱是山东人的专属，我们杭州大街小巷、老老少少可都知道葱包烩哦，如果阳光姐姐想吃，我可以亲手给你做，不需要你花一分钱呢！

香菜君：我觉得我们这的螺蛳粉简直是人间美味，你们都

别笑（认真脸），我连吃一个月都不带腻的。

奔跑的马：烤冷面、油炸冰激凌、东北饭包……说得我肚子都饿了，心动不如行动，等会儿放学就去买啦啦啦……

快来"目瞪口呆岛"

【话题作文大PK】

山水美，美食香

欧阳思艺

去过桂林的大多数人一提到桂林，肯定会感叹："桂林的山水很美，历史悠久，真是一个旅游的好地方啊！"可是，我们桂林的特色美食并不被大家了解。都说"高手在民间"，有些美味，就连五星级大饭店都比不过，你不信？那现在就由我这个"桂林人"来为大家充当导游，来一次"舌尖上的桂林"美食之旅吧！

美食早餐：当然属咱的桂林米粉好！据说桂林米粉从秦朝就开始有了，还是秦始皇发明的呢！桂林米粉是世界旅游国际论坛的参与者，更让诸多游客"爱不释口"。

桂林米粉里面为什么总有一股香浓、糯糯的口感呢？因为这都是米粉里面的大米起的作用啦！不仅大米，就连调料、配菜都有很精细的讲究，比如说卤蛋、卤汁，都是由特别的酱

汁做的，特别让人陶醉！恨不得吃了一碗再来一碗！桂林米粉里的肉都是选用本地的优质土猪肉，此外还有新鲜酸豆角、爆辣辣椒、香炒花生米等供你用勺子自行挑选搅拌。一碗三两米粉，最多需6元，在我们桂林，"桂林米粉店"散布大街小巷，就连深圳那样的大城市，都有"桂林米粉店"的店门牌挂着，甚得世界各地游客喜爱哦！

美食糕点： 大家知道"桂林"，但也许不知道"桂林"的"桂"如何得来？嘿嘿，因为咱们桂林桂花树很多，到了金秋十月，整个桂林城都是桂花的香味。桂花有很多用处：制作香水、桂花酒等，在我们桂林，还有一项特色美食就是桂花糕啦！桂花糕是用新鲜的桂花为原料，并且采用最传统的工艺制作而成。放一块桂花糕入口，满嘴的桂花香气一定会让你陶醉其中！

美食饮品： 大家可能觉得桂林没有什么很特别的水果饮品吧？那就大错特错了！我们桂林有一种"特别的果子"——罗汉果。罗汉果的外壳很硬，里面有籽儿可以用来泡茶，罗汉果就像一个天生的小医生，有清热解毒、排便通肠、专治感冒的疗效呢！罗汉果茶不仅是居家良药，更是一种好喝的饮料！罗汉果茶比较甜，入口清凉，很好喝，可以用来招待客人哦！

美食调料： 我们地地道道的桂林人是绝对吃得了辣的！桂林有著名的——花桥牌豆腐乳、三花酒、辣椒酱！这可是我们桂林的三宝哦！来我们这，不买上一瓶豆腐乳、辣椒酱，那根本就是没有来过桂林！桂林很多家餐馆都会选用豆腐乳、辣椒酱来给客人佐食，不仅不会让客人觉得"辣得呛"，还会让客人觉得桂林

快来"目瞪口呆岛"

人"辣得热情"。总之,吃饭时搅拌辣椒酱,吃饭睡觉嘛嘛香!

美食晚餐: 别人都说:"桂林山水甲天下,阳朔山水甲桂林。"山水锻造了桂林很好的地理环境,所以啊,我们桂林的"水产"还是比较有特色的。在游漓江的游船上,通常都会有"漓江啤酒鱼""大龙水虾""乡间土鸡""爆炒辣鱼""烤山羊"的字样,不如我们来品尝品尝?先来尝尝我情有独钟的漓江啤酒鱼,不知道啤酒鱼是如何做的,有一种清甜的啤酒味淡留口中,一点鱼腥味没有,一种天然的甜味让你忍不住再夹一块。你顿时感受到桂林的山水和美食完美的融合,一定会让你流连忘返!乡间土鸡通常都是放养在漓江畔的小村落,一般吃的都是小虫子,长得不瘦不胖。土鸡做熟吃进嘴里不油不腻,再加一点辣椒酱,味道更美上加鲜!

嘻嘻,看到这里,你是不是口水已经流得满嘴都是了呢?心动不如行动,快快来桂林吧!

阳光姐姐点评

在美丽的山水中畅游,品尝文中的各色美食,想想都是一件让人心旷神怡的事情。小艺对桂林的各种美食介绍得细致而丰富,尤其是将食材的新鲜、营养价值和各种口感都细细地描绘了出来,这些可都为美食大大加分哦!

话题NO.7 美食

爱的味道

赖宇萌

你认为美食是什么？有人说美食是酒店里的山珍海味；有人说美食是大街小巷边的烧烤串烧，而我认为美食是家中的两菜一汤，平平常常。在我的心中，爱的味道是世界上最美的味道。

饭馆里的菜肴，鲜艳的色彩惹得人们看一眼就会口水欲滴，但是拿起筷子，却又总让人紧锁眉头，"欲吃还休"。这些光鲜美丽的"佳肴"里，不知藏有多少有害健康的"添加剂"。饭馆里的食材能像家里的那样仔细浸泡，反复清洗吗？烧烤摊上的串烧在"烟熏火燎"中，能给人们带来营养和健康吗？这些光有美妙口味，却不能给人带来真正健康的食物，怎么能被称为真正的"美食"呢？

"美食"是什么？

在你生病时，你最想念的美食是什么？是油腻的大鱼大肉吗？一定不是。也许，你会想喝上一碗母亲亲手做的绿豆

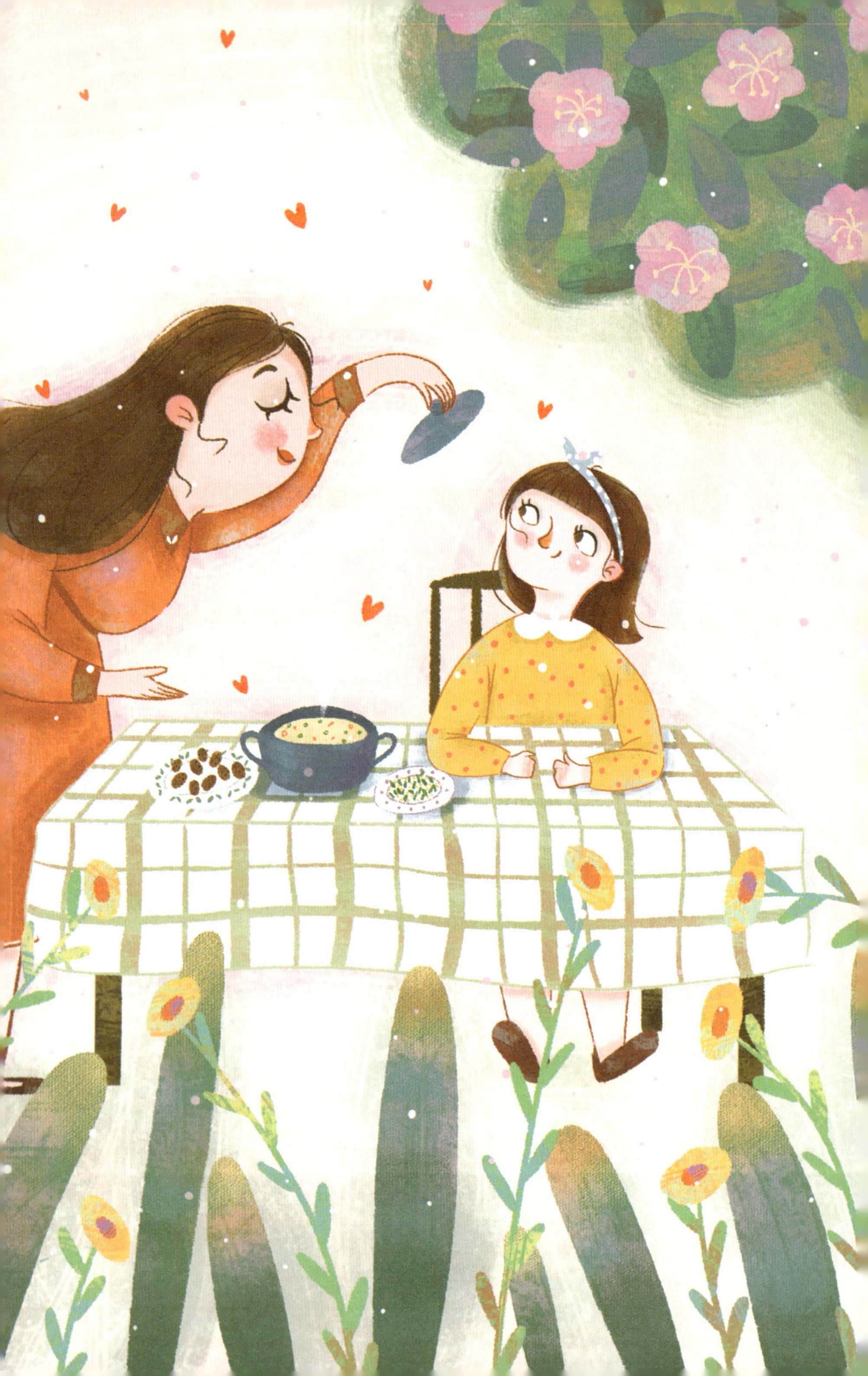

话题 NO.7 美食

汤。清凉的绿豆汤伴着母亲的轻声关怀缓缓进入你的口中，流入你的心田，滋润着原本毫无食欲的肠胃，好像给了你康复的力量。那甜滋滋清爽爽的绿豆汤，或许才是真正的美食吧。

大街小巷总是会响起这样的广告词："这是妈妈的味道！"劳碌一天的人们每当听到这样的话语，脑海中就会回忆起自己童年独特的"美食"，这些美食各式各样，可能有酸甜苦辣各种味道，但是同样的是，它们都伴有着一段甜蜜的回忆，这些回忆里，有着一种共同的味道——爱的味道。

美食是全家人围坐在一起，一边聊天说笑，一边一起吃的晚餐。美食不一定是由昂贵的食材烹饪而成，却能让吃的人，脸上浮现出幸福的微笑。

阳光姐姐点评

"美食"并不光有美妙的口味，还要能给人带来健康。"美食不一定是由昂贵的食材烹饪而成，却能让吃的人，脸上浮现出幸福的微笑。"宇萌为"美食"下的定义，让我忍不住举双手赞成！这种健康有爱的"美食主张"，让人眼前一亮！

美食运动会

董益铭

训练完毕后回到家里,我揉着脚,懊恼地想道:如果运动会改成美食会该多好啊!

咦?运动会?美食会?运动会就是一场美食会啊!我脑袋上"叮咚"一声冒出一个灯泡。哈哈,我的灵感来啦!

训练前的热身,就像是下午时间喝上一杯柠檬茶,很悠闲。为什么这样说呢?请听我慢慢道来。操场一圈250米,热身运动跑五圈。先不说别的,就说我们跑步的样子吧,与其说是在慢跑,还不如说是在旅游观光。刚刚开始跑的时候,速度是很快的,但一圈跑完以后,速度都慢了下来,几个人成横排,你言我语,悠闲自在地聊起天来,从现代电话聊到秦始皇的"花容月貌",从圣母峰雪人的弃婴聊到外星球的生命体,聊得热火朝天,聊得嬉笑一片。好似在舒服的下午时光,约几个朋友在茶餐厅里,一边聊着生活的趣事,一边抿着柠檬茶。

那种感觉，舒服极了！

热身完毕，第一个项目，便是800米长跑。这对于耐力差的我，可是一个挑战体力的项目！所以呢，我把它比作重庆的"天下第一火锅"！拿着那么长的筷子吃东西，可不是一个对体力极限的挑战吗。你看，前100米，我精力充沛，不过担心体力使用太多，后面的路程渐渐跑不动了，所以，我渐渐落到了第四位。当然了，你看那些吃火锅的人，开始吃的时候那叫一个兴奋啊！一下夹个蘑菇，一下夹个青菜的，活力十足。第一圈跑完了，我开始贪婪地呼吸空气——我要不行了！脚发软，手也酸，喉咙里冒烟，多想身子往旁边一倒躺下来休息！同吃火锅的人一样，吃到一半，实在没力气了，就想放下筷子，但是美食在前，不吃都觉得对不起自己。唉，于是我跑完了以后，马上坐下休息——不管是跑800米还是吃火锅，都太费劲了！

800米跑完，跑200米的运动员走到了各自的起跑线上，发令枪一响，运动员们就要全速冲向终点，200米比的就是爆发力。瞧！老师一声令下，运动员们冲出起跑线，没有一丝犹豫，没有一点减速，满脸通红地冲过终点后，马上就瘫坐在地上大口喘气，甚至有些人还吐了。这个呀，就好像是吃面时，加一点烧热的辣椒酱。把辣椒酱倒在面上，迅速地拌一拌，看起来是一种简单的美食，其实啊，它精着呢！辣

快来"目瞪口呆岛"

椒的香味和面的筋道，就如同运动员们夺冠的决心一样火热！激励着他们加油比赛，诱惑着食者把它咽到肚中。喝一口汤，汤中饱含着刺激的辣味和香气，吃一口面，满嘴满足的味道。而且，还要吃得快，不然等着你吃就是面糊了！不过，冬天的时候，总有些人喜欢不断地放辣，明明知道辣不能吃多，但即使是眼流着泪，嘴发着红也要吃下去，这就是运动员们，本就知道全速跑完200米容易身体难受，但还是咬牙坚持了下来。你说，对吗？

接下来的是60米跑。60米跑有一点和200米跑一样，那就是要全速跑。60米也和100米一样，一旦起跑慢了，你就一定输了，没有一点机会。看看，60米跑的运动员们已经站在了起跑线后，听到教练的发令就像死囚得到皇帝的赦免一样，飞速冲了出去。看着他们跑，我就好像在品尝松露巧克力一般。松露巧克力入口即化，很少时间细细品尝，留给人们的，就是苦中带甜的纯正美味。60米跑也一样，运动员们得到的是比赛挥洒汗水后的成果和对自己实力肯定的满足。松露巧克力，苦中带甜；60米跑，也是苦中带甜啊！

田径队训练有苦有甜，有酸有辣。不过，即将迎接我们的，是考验我们的比赛！此时，我的心里不再懊恼，脚似乎也不再痛了。因为，运动会，就是一场美食会啊，我为什么要抱怨呢？你们说是吗？

话题NO.7 美食

阳光姐姐点评

将运动会和美食会作比较，小作者构思角度很特别。而且听他细细说来，运动和美食也的确有很多相似之处，这样的对比，除了角度新颖外，还很合理。遇到困难时，换个角度想想，没准困难也会变得可爱。

快来"目瞪口呆岛"

舌尖上的莒县

高域溪

爸爸从莒县出差回来，对当地的特色羊肉汤一直念念不忘；能让老爸这种资深吃货记住的美食，一定很有特色。于是国庆节一放假，我和老妈就组成了统一战线，你一言我一语，对老爸展开了游说。抵挡不住我们的轮番轰炸，老爸便答应带家人去莒县的浮来山一游。其实，游山玩水只是我和老妈的借口，喝羊肉汤才是我们要求去莒县的真正目的。

一进莒县县城，我和老妈就喊："肚子饿！"老爸无奈地说："那我们去吃肯德基？"

"才不要呢，我们要喝莒县羊肉汤！"我和老妈异口同声地叫道。直到这时，迟钝的老爸才终于明白了我们的心思。

于是，老爸带我们来到当地名气最大的全羊馆。一进店门，我和妈妈就大失所望：难道这就是店前铜牌上吹嘘的"中华名店"？只见大厅里摆满了简陋的桌椅，地上到处是用过的

话题NO.7 美食

餐巾纸，每张桌子上放着一个佐料盒，里面配备着食盐、味精、辣椒粉、孜然粉和食醋。正是午饭时间，大厅里坐满了顾客，每个人都抱着一个大海碗，碗里面是热气腾腾的羊肉汤，他们一个个喝得热火朝天。

我们一家三口找到空位子坐下，但半天也没见有服务员过来招呼我们。爸爸解释说：这里是自助服务。他拉着我来到服务台，交了六十元钱，买了一斤全羊肉。一位大伯把称好的羊肉分成三份，放进三个大碗里，再从不同的大瓷盆里抓来羊血、羊肠、葱沫和香菜，往每个碗里撒进去一些，然后对我们说："可以端走了。汤和饼自取，全都免费。"

我和爸爸把三个大碗端到妈妈面前，再到一旁的窗口去取汤和饼。我走近窗口，伸头往里面张望——只见一口直径超过一米的大铁锅支在窗子里面的灶台上，锅口与窗台一般高低，锅里盛满了沸腾的汤液，乳白色的汤里漂浮着羊骨头和大块大块的羊肉，锅下面是燃烧的火苗，有人不停地往灶膛里添柴火，以保持羊汤的热度。

窗口一侧摆着一张桌子，桌上放着一溜大马勺和一摞小馍筐；桌下摆着一只大竹筐，筐里放着热气腾腾的莒县大饼。莒县大饼也是当地的特色食品，将一张又圆又厚的大面饼烤熟后，切成一条条三角形的小块，吃起来又香又筋道。

我用馍筐装上几块大饼。爸爸拿起一只马勺，从大铁锅

快来"目瞪口呆岛"

里舀起一勺滚开的羊汤,双手平端着,小心翼翼地走到餐桌前。爸爸把热汤浇入碗里,一股扑鼻的肉香便从碗中升起来。

我和妈妈学着爸爸的样子,将三角饼掰碎,泡进羊肉汤里,再放入各种佐料。我低头尝了一口羊肉汤,只觉得那带着热度的汤汁从嘴里流进肠胃,唇齿间立马充满了浓郁的鲜香滋味。

大家顾不得斯文了,一个个埋下头去,"呼哧呼哧"地喝着汤,"咯吱咯吱"地嚼着肉,不时有人发出满足的叹息声。不一会,每只碗里就只剩下肉和饼了。爸爸拿起空勺,又从大锅里盛来鲜汤,分给我们。

就这样,我一口气喝下了三大碗羊肉汤,吃下了三两羊肉,肚子胀得圆圆的,实在吃不下了,才罢了手。我环顾四周,只见每一位食客都吃得大汗淋漓,却又心满意足。我还发现:店里的墙壁上挂着许多老板与名人们的合照,其中就有我喜欢的演员陈佩斯的照片和题词。

这一刻,我才慢慢地体会到这家老店为何名气这么大、人气这么旺了。虽然它的设施简陋,但羊肉汤的口味与品质让人叫好。它以平民化的风格,自助的服务方式,吸引着各种类型的顾客;无论是身份高贵的富人,还是衣衫破旧的穷人,来这里吃饭,都能找到平等的感觉。

饭后,爸爸问我:"小美食家,对这顿饭有何感受?"

话题NO.7 美食

我咂吧咂吧嘴,拍着圆鼓鼓的肚子,满意地说:"嗯,舌尖上的莒县!来了一点都不后悔!"

阳光姐姐点评

羊肉汤在口中的滋味固然美味,但我认为,在亲口尝到美食之前,看到美食的品相、闻到美食香气,听到关于美食的种种描述、赞誉,要比美食本身的滋味更加诱人。这篇文章中,小作者除了描写品味美食的过程,更加侧重描写了品尝之前的美食的色、香、名,让人印象深刻。

快来"目瞪口呆岛"

四海之内皆美食

李欣悦

人人皆曰中华文化之博大精深，可究竟精深在哪里，便要从美食说起啦。

亲戚众多，也有幸能游历各地探寻各地的小吃，先从南方说起。上海这个既新潮又带有民国风范的城市中，徐汇区算是老区，沿着街走，找到人最多的那一家便是了——小杨生煎。外皮酥软而不烂，白芝麻早已嵌入其中，没有"吱吱"令人尴尬的响声，与面融为一体。馅儿是一团，不松不散，不会是吃得满嘴的狼狈；咸中略带些甜，代表了老上海特有的精致。肉馅没有一丝带筋，绵软得如同搅了的糯米面，却又不同于灌汤包稀烂的汁，黏稠异常，铁锅中蒜与葱被炝出的味道，转瞬即逝。

相比而言，城隍庙的小吃退去了民国的风味，传承着古时上海的咸与酱。几只刚刚捕上来的蟹子，加椒盐，蒸，淋蜂

蜜，出锅。也有人酷爱酥脆的蟹壳，当然，更多人还是热衷于乳肉金膏。此时的蟹膏恰好拿捏在看似成型却入口即化的火候上，待老板仔细地拿着竹签串好，将整串泡在自家酿的酱中半分钟，捞出来立马塞进嘴里。嘿！外咸里淡，两种极端冲击着味蕾，成就了城隍庙"上海第一味"的美称。曾在一家小店排过整整一下午的队。据说，这家老板以生的蟹膏与蟹黄剥开代替水，味道果然绝妙。难怪天天爆满，名不虚传。

与上海美食相对的，不是北京美食，而是天津美食。北京的小吃带些满族的风味，去东北多乱杂然后留之精髓，例如白煮肉。天津临海，早在北京未兴起之时，悄然萌发，也带动了小吃，从未停息。十八街桂发祥的麻花便是最好的例子，乍咬一口，除了脆，似乎没有什么特别的感受，若是细细地吃完一整个，便会感觉到各种各样的醇香。或许有桂花、松仁、蜂蜜、芝麻……几十种香气弹指间从鼻尖溜过，就像品天津老街的古建筑一样，一丝一毫都别具匠心，却低调谦和得很。

沿着北京二环路一路向北，跨过沽源和曲折的闪电河便是一望无际的锡林郭勒了。当地人会弹奏一种蒙古马皮作面、马尾作弦的马头琴混着格桑花的香气招待远客。静静地坐在草地上，待卓玛为你沏一壶醇香的正宗咸奶茶，配着需炼过大半年才能成型的奶皮子充分地泡下，入口即化；再来点儿奶屹塔，就更妙了；一饮而尽时，又发觉底下还卧着几块鲜滑而

快来"目瞪口呆岛"

有嚼劲的奶豆腐，味道简直不言而喻。喝过之后，就得考虑着吃。搭几块木炭燃上火，扛一只刚刚宰过的羊羔，整只放在上面，切几刀放作料，然后就是漫长的烧烤时间。等到天渐渐暗下来的时候，继续翻转，加孜然，对了，再刷上牛油（也就是黄油）和蜂蜜，待油脂渐渐向下滴落的时候，便端上出锅啦——其实我哪里顾得上端上出锅，直接用油乎乎的手连撕带咬的嚼起来了，其实也算不上嚼，烤羊肉早已入口即化了……味蕾的享受，恐怕是天下最惬意的事情了。

不过，也正如那句话说的：光吃不行，那是吃货，咱还得会吃……总之，都是吃啦，哈哈。

阳光姐姐点评

不同地域的美食，都带有当地独特的历史文化特点。欣悦对比了不同地域的代表性美食，在详写美食制作方法的同时，也注意到了美食特点与地域文化之间的联系，例如上海生煎馅儿"咸中略带些甜，代表了老上海特有的精致"，天津麻花"就像品天津老街的古建筑一样，一丝一毫都别具匠心，却低调谦和得很"。这样的观察和联系，很细致独特。

美食·饺子·爱

王 溪

天下美食之中，最爱饺子。

试想一下，白胖胖的饺子在锅里翻滚着，旁边的桌上摆着蒜泥碟、醋碟、酱油碟、辣酱碟等，并装满了调料，吃货的心啊立刻就飘啊飘啊飘向云端里了。拿起笊篱，轻轻一捞，饺子装盘上桌。哇，第一个热腾腾的饺子咬下去，馅香满口，美得不知道说什么好了——先在饺子上咬个小口，然后夹着它去蘸调料，回头第二口咬下去，香味在嘴里打滚，把舌头都乐得找不着北了……

饺子啊饺子，实乃天下第一美食也。

妈妈常说："你是小吃货，你爸是大吃货，你们爷俩，一对吃货。"

在我们济南，有特别特别多的饺子馆，而且至少有十家以上是特有名的百年老店。不谦虚地说，这些饺子店我爸都带

快来"目瞪口呆岛"

我去吃过，我能如数家珍，指出哪家店的哪种饺子最好吃。

比如说吧，离我们家最近的是胶东人家饭店的大馅水饺，而这个大馅水饺里，我最喜欢吃鲅鱼馅，非常新鲜，让人咬第一口，就能想到大海的味道。

再比如说，历山路最南边的西北饺子城，我最喜欢吃那里的海陆三鲜馅饺子，馅是用虾仁、猪肉、鸡蛋、黑木耳、韭菜制成。料好，味道足，吃一顿就叫人爱上它。

还比如说，中豪大酒店对面巷子里的陈记饺子店，那是全济南城最有"家常味"的饺子，外地来的客人，吃这里的饺子就会开始想家……

饺子好吃，做起来工序多，很麻烦，但我爸不怕麻烦，因为只要我这个"小吃货"开口，无论要他干什么，他都赴汤蹈火，在所不辞。

我爸喜欢做三鲜馅饺子，就是猪肉、韭菜、虾仁、黑木耳做成馅，然后亲手和面，一个一个小小的圆皮擀出来，然后一个一个饺子包好。每次他做饺子，我都能吃满满一大盘。从记事起，我吃过的爸爸亲手做的饺子摆起来，足够从我家地下室一直摆到楼顶的了。

做饺子的时候，他是最开心的，从开始做到最后做完，他嘴里总是哼着歌。每次在家里做饺子，爸爸总是包好一盖子饺子后，先烧水煮给我吃。饺子煮好，他就端着大盘子从厨房

话题NO.7 美食

里出来,一边走一边叫:"宝贝女儿,吃饭喽!"

那是我听过的世上最好听的声音,每次我总是扔下手里的鼠标,蹦蹦跳跳地跑出去,先洗手,然后坐在餐桌前,等着爸爸拿筷子和调味碟,毫不客气地享受着老爸的服务。

妈妈总怨老爸:"你就宠她吧,早晚有一天把女儿宠坏了!"

每到这时候,爸爸就嘿嘿笑,然后把筷子对齐,递到我手里,满怀期待地看我咬第一口,等待我说出"香啊"这两个字。每一次,我都不会让他失望,咬一口就大叫:"香——啊——"

爸爸就很帅气地一甩围裙,做出京剧刀马旦上场后的甩袍动作,然后念白:"末将下厨房去也,走起——"

小时候不懂事,以为自己是老爸唯一的女儿,他对我好、宠着我是天经地义的。

现在我长大了,渐渐明白,那些爱沉甸甸的,像是积雨云的眼泪,那么饱满,那么沉甸甸的,带着几乎让我无法承受的重量。有几次,爸爸转身去厨房,我的眼泪却滑落在热气腾腾的饺子里了。

爸爸妈妈给了我太多的爱,我该拿什么来回报他们呢?他们给我的,不仅仅是一餐一饭的美食,还有生活中的点点滴滴,吃穿用行,每一页,都留下爱的痕迹。细数起来,如滔滔江水,连绵不绝。

快来"目瞪口呆岛"

还是说回饺子吧——真正的美食,并不在乎它的味道是什么样的,而重要的是,你跟谁在一起吃。

跟家人在一起,有爱,即使是最平凡的粗茶淡饭也是人间至高无上的美食。

爸爸做的饺子,带给我的,正是这样的人生启迪。

阳光姐姐点评

幸福的味道,在美味的饺子里,也在做饺子的老爸对小溪满满的宠爱里。读到一些语句时,觉得很温馨——"爸爸就嘿嘿笑,然后把筷子对齐,递到我手里,满怀期待地看我咬第一口,等待我说出'香啊'这两个字。每一次,我都不会让他失望,咬一口就大叫:'香——啊——'"这种"小镜头"里的幸福,让读到的人不由自主地被感动。

话题NO.7 美食

舌尖上的老爸

薄睿宁

我家老爸中等个，体型偏胖，我称他为"三吃学家"：爱吃，会吃，能吃也。自然，老爸只要在家，就常常客串"大厨"的角色，在"战场"——厨房里全副武装，挥汗如雨：头戴厨师帽，腰系白围裙，左手持着铲子，右手掂着炒勺。不一会儿，香喷喷的美味便从厨房里飞了出来。顿时，不论正在做什么的我，立即什么也做不下去了。哈啊，肚子里的馋虫被勾出来了，我就蹑手蹑脚、满脸堆笑、馋兮兮地飘到老爸身边，探头探脑道："啊哈，老爸辛苦了！好香啊！"

言归正传，俗话说"创新是做菜之父（没听说过吧？此乃老爸发明的'俗话'）"。老爸深得做菜之法——创新。虽然他也经常跟着网上、电视学习，但总会做一些小小的改良。

先说老爸的"拿手好菜"——面条。嗨，这有什么了不得的啊！别急，我家的面，不是买的，是老爸正宗的手擀面。老

快来"目瞪口呆岛"

爸先往盆里倒上面粉，继而加上水，打上鸡蛋，用筷子搅拌均匀，然后是揉啊揉啊揉啊……直到面团变得松软、光滑，散发着淡淡的麦香才罢休。

接着，我家的"面条机"就派上了用场，老爸把面团拆开，拍成几个较小的面饼，搭在"面条机"上。我则左手按住面饼，右手不停地转着"面条机"的摇把，在"咯吱咯吱"声中，面条便大功告成了！

有了这神奇的面条，各种好吃的面，比如打卤面，他都能做出。老爸的"打卤面"的卤子也有好多种，比如他把豆角、肉、豆腐和土豆细细地切成小块，再放上些叫不出名的"秘制"酱料，一股脑儿地倒进锅中，细细地熬煮起来。他也常把西红柿、黄瓜、肉丁等放一起熬煮。等到卤子的香味散发出来，再过一会儿，"卤"便可以出锅了。老爸把做好的卤子，浇在刚刚出锅的面条上，那味道，与餐馆名厨的高超手艺简直不相上下。吃一口，真是别提有多香了！

老爸可不只会做打卤面，他做的"凉面"也很开胃，而且简单易学。只要把黄瓜、鸡蛋、火腿及胡萝卜切成细细小丝，在盘中码好，把蒜捣成蒜泥，调和以麻酱汁，浇在煮熟、又用凉开水拔好的面条上即可。对了，面一定要在风扇下多吹一会儿，这才是地道的"凉面"呢！

至于风味独特的"焖面"，更是值得一提。首先，要把面

话题NO.7　美食

条煮好，这次用的面可是宽面条。在锅中准备豆角和肉丝，细细地烧熟。接着把面条放进锅中，与豆角和肉丝继续焖一会儿，这才大功告成。嘿，老爸不仅仅是做面的高手，更是做菜的高手，他还尝试过一道名菜——老爸称为"鸡肉卷"，又名为"寿司"。老爸挑选了一块新鲜的鸡胸脯肉，用刀剁成泥，再把长长的豆腐皮蒸熟，垫上紫菜，铺上鸡胸脯肉，放在锅里蒸熟，再用刀切成一个个小块便可。除了这些，老爸还擅长什么干炸里脊、冬瓜排骨等著名的家常菜，味道可与饭店做的媲美。

怎么样，你是不是也开始口水横流起来？

饭桌上，老爸夹起一筷子鸡肉，举在空中，看个一二分钟，然后长叹一声，就开始忆苦思甜：宁宁啊，老爸小时候家里穷啊，吃不起好的，只能吃窝头、玉米和地瓜。记忆最深的一次是那次家里盖屋，炒了几个小菜，炒花菜、炒芹菜，这些在现在看来是最常见的家常菜，但在那时看来，是天下最美的食物。我就站在墙角，眼巴巴地瞅着。

"窝头？玉米？地瓜？那不是好东西吗？"我舔舔舌头，"现在不是都爱吃粗粮吗？"老爸白了我一眼："此一时彼一时了，你以为天天吃不烦啊？所以现在我对窝头、玉米和地瓜深恶痛绝。"

我吐吐舌头，表示不能理解。但每当我和老妈在煮玉米、

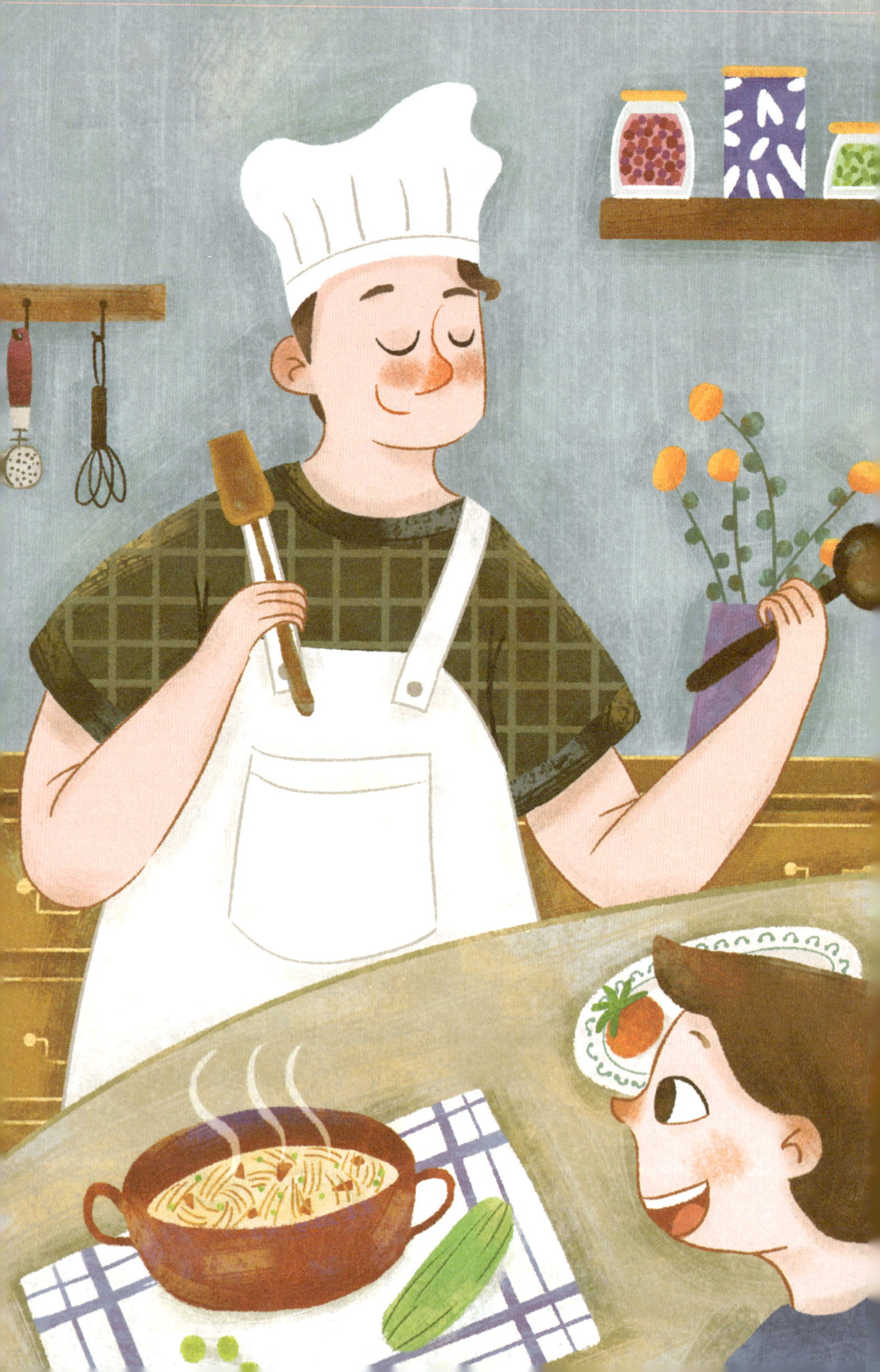

话题NO.7 美食

蒸地瓜吃时，老爸真的是闻也不闻，看也不看，更是不会吃上一口。哎，看来，这就是吃伤了、吃腻了吧！

老爸还常告诉我他的包饺子经历："我那时候，吃不起肉啊。面也很少，但我十一岁的时候就会包饺子了！我用野菜当馅，玉米面撒上点白面当皮，自己整整包了一下午，这才包好了全家人吃的饺子。"

我嘿嘿一笑："哈哈，老爸怪不得你包的饺子那么好吃呢，原来你从小就开始练啊！"老爸点点头，继续开讲："我们上学那会儿，最流行吃方便面。别看现在网上到处说方便面不健康，但那可是我们的美味佳肴。我读大学时，只有家境好的同学才能常吃到方便面。往往刚下晚自习，一回到宿舍，就有同学泡好了方便面当夜宵。而一个人泡面，全宿舍都飘着一股子浓浓的、方便面特有的香味。男同学们都放得开，身边有一个人吃面，大家就你一筷子、他一筷子地抢。没有抢到的舍友，则大声招呼着，给我留口汤啊！最后，连汤带渣滓，是一点不留啊！"

听老爸讲自己和舍友吃方便面的故事，我咂舌不已，简直是天方夜谭啊！在感叹贫穷的同时，也感叹同学间毫无芥蒂的、真挚的友情。

"唉！还是现在好啊！"老爸长叹一声，又到厨房里忙活去了。

老爸，平时最爱的话题，常与"吃"联系在一起。不是这

快来"目瞪口呆岛"

个小时候吃不到,就是那个小时候吃腻了。作为老爸的"忠实"粉丝,我听得耳朵都起茧了。不得已,我只好这个耳朵进,那个耳朵出,或者把它们都倒给大家,图个轻松。哈哈,你了解我的"舌尖上的老爸"了吗?

阳光姐姐点评

俗话说:热爱吃的人,是热爱生活的人(也没听过吧?此乃阳光姐姐的发明),睿宁的老爸不仅爱吃,而且爱自创各种美味佳肴,可见,老爸更是一位"创造生活的人"。美食不仅仅是用来填饱肚子的,更为品尝者带来各种快乐和幸福。"舌尖上的老爸",用满满的爱,为家庭成员烹饪出了每一天的快乐和幸福。

话题 NO.8

ホホ
夕

快来"目瞪口呆岛"

【七嘴八舌小密探】

阳光姐姐：梦境是一个神秘的世界，在梦里，可能会发生很多现实生活中不存在的奇妙事情。你们都做过什么样奇妙的梦呢？快快进入神秘世界吧！

小明不慌：我总梦到自己在楼梯上一脚踏空，然后腿一抖，我就醒了。

丫眯丫眯：我做的梦总是和《西游记》有关，我被各种妖怪抓走，然后孙悟空就会拿着金箍棒来救我。可能我太喜欢孙悟空了吧（捂脸）。

铁树开花：有一次，我梦里的所有景物都是水墨画里的样子，超级美，我就在景里慢慢走，梦醒后都觉得特别美好。可惜我再也没做过那样的梦。

奶茶不加盐：我梦到自己会飞檐走壁，在各种高楼之间穿梭，帅气得不行。醒了之后发现在做梦，唉，瞬间失望。

飞飞不肥：我可能是得了考试恐惧症吧！总梦见自己在考场上，但是题都不会做，那叫一个焦头烂额！

没事就爱打个盹：我就厉害了，有一次做梦，梦到的事情太过离谱，于是我在梦里反应过来，原来我在做梦啊！

洱海小刺猬：我好像是游戏玩多了，总能梦到植物大战僵

话题NO.8 梦

尸。我是一个僵尸，走路缓慢，还要千方百计躲过植物吐过来的东西，每次醒来，只有一个字：累！

花丸子：我梦到自己穿着芭蕾舞裙在城堡里转圈，一圈又一圈，根本停不下来，就这么一直转一直转，一直转到我醒。

快来"目瞪口呆岛"

【话题作文大PK】

考试之梦

蒲德兰

钟表上的时针正一点一点向 8 靠近,我焦急不安地在学校门前等待。我们是六年级毕业生,妈妈给我报了一所她理想中的中学,而今天,我就要参加这所学校的招生考试。老师对我的期望很大,这使我越发紧张起来。一颗不安分的心在胸腔里狠狠跳动,心跳声像鼓声一样震耳欲聋。

保安尽职严肃地站在门前,不论外面是年迈的老人还是稚嫩的孩子,不到时间一律不开门。我不安地跺脚,烦躁地看手表,等待时间感觉真是漫长啊。

随着时间一分一秒地逝去,铃声响彻校园,保安终于拿出钥匙打开了门,检查一张又一张的准考证。

"小兰,你的准考证呢?"妈妈焦急地看着前面散开的人群,问道。

话题 NO.8 梦

"知道了。"我应了一声,转身开始在书包里翻找准考证。拨开一堆考试工具,却什么也没有找到,我的心下意识一惊,眉头渐渐紧锁,扭成了天津小麻花。

没有,没有,还是没有……我的心仿佛坠落万丈深渊。

妈妈似乎看出了我的不对劲,她眉毛一竖,厉声说道:"你不会没带吧?我不是提醒过你要带的吗!从小养成的马虎习惯怎么到现在还不改?现在好了吧,考试就要开始了!"

我的脑袋一片混沌,周围的世界在眼前像水墨画一样渲染开来。天旋地转的画面令我重心一侧,"砰"一声,我重重摔倒在地上,失去了意识。

"啊!"我从睡梦中惊醒,气喘吁吁地看着周围的景色。熟悉的摆设、温暖的床铺、枕边的维尼熊……这里是我的卧室!我低头看着手上的表,时间显示是7点整!原来刚才的一切只是一场梦,虚惊一场。我连忙从床上下来,有了梦的教训,洗漱完毕后我找出准考证,正准备放进书包……

"哎呀!"我急急忙忙地下楼梯,突然撞上了邻居老婆婆,我连忙扶住被我撞到的老婆婆。

"对不起啊,老婆婆您没事吧?"

"哦,你这是要去考试吧?没事没事,快点去吧,去晚了就不得了了。"

我急匆匆地上了车,来到了考试场地。

快来"目瞪口呆岛"

又到检查准考证的时候了。我胸有成竹地把书包从肩上取下来,却赫然发现放准考证的地方,书包拉链没有拉上!里面空空如也,一丝准考证的踪影也没有!啊!一定是刚刚撞到老婆婆时弄丢了!

手上的书包重重地摔到了地上,我的头剧烈地痛了起来,周围突然响起了很沉重的钟声,悠扬舒畅在耳畔接连不断。我抱着头蹲到了地上,眼前一黑……

再次从睡梦中醒来,时针指向7点整。

好惊险的梦。我蹑手蹑脚爬下床,安定了惊魂未定的内心,然后把准考证紧紧抓在手中,这次我是死也不会放手了。妈妈看到我这副怪异的模样忍不住喷道:

"你这怪孩子,这么紧张干吗?"

我没法把梦中的事情给妈妈完全解释清楚,只好找个理由搪塞道:"我怕准考证丢了没法参加考试……"然后跟着妈妈来到了考试场地。

等到检查我们的时候,我把手上的准考证递给了保安,那个保安脸色一变,说道:"对不起,这不是准考证,我没办法让你通过。"

我的心仿佛跌落到冰窖,很冷很冷。我惊慌地接过"准考证",突然一惊!那个是我的学生证,并非准考证……

"妈妈,我的准考证呢?!"我猛然惊醒,向正在开车的

话题NO.8 梦

妈妈大声问道。

"你这怪孩子,怎么在车上睡着了?准考证在那呢。"妈妈转过头来疑惑地看着我,然后视线落在我座位前放着的一张黄色的准考证上。

原来都是一场虚惊的梦!

阳光姐姐点评

"呼——"读完文章不禁长呼了一口气,这个可怕的噩梦终于结束了。一遍一遍的梦境轮回让人感到神经紧绷和发抖般的焦虑。这篇文章的构思实在很巧妙,不过还是想说一句,面对考试,大家一定要淡定啊!

快来"目瞪口呆岛"

梦国小精灵

许君宜

"好累!"轻轻望着窗边安谧的月,低头看着面前密密麻麻的文字,视线逐渐模糊……好累,好累……

爸爸妈妈都已经沉沉地睡去了,我独自一个人坐在书桌前,面对着似乎永远也看不到尽头的作业发愣。从这学期开始,做不完的作业就好像一座五指山,牢牢地压在我们这些"孙悟空"身上,让人觉得喘不过气来。

突然眼泪就掉了下来,我深陷在伸手不见五指的黑色梦境里——

"呼哧,呼哧……"星期一自己无奈地拖着一麻袋的作业和一对黑眼圈上学,"哇,这作业太沉了!"

辛辛苦苦写了一个周末的作业,连上兴趣班似乎都成了一种奢侈的享受。不过悲哀的是,即使是在上兴趣班,也得绞尽脑汁想着如何偷偷写作业而不被老师发现。写着作文还

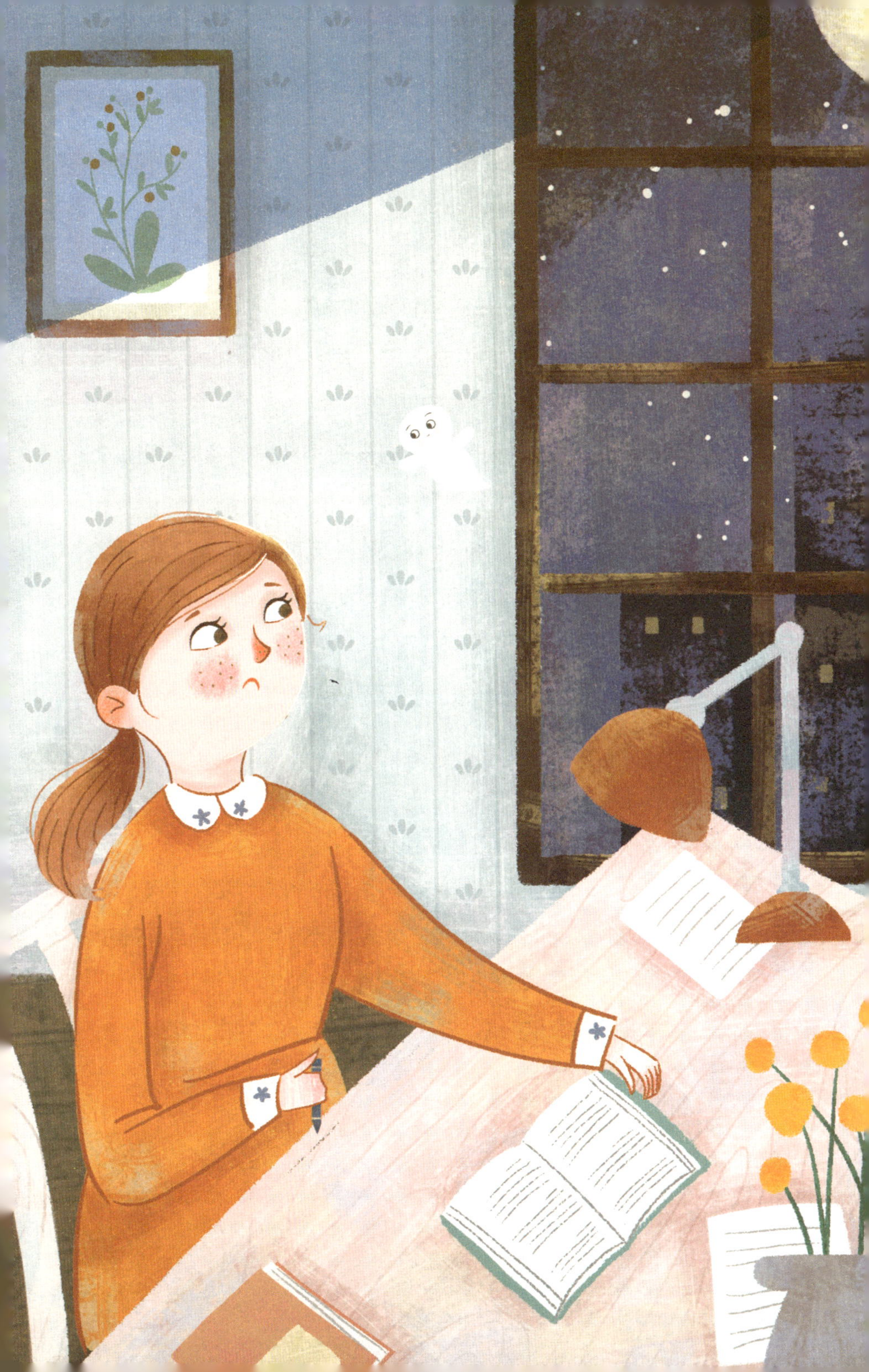

> 快来"目瞪口呆岛"

在想昨晚没有舍得看的动画片，随手就在练习册上填了一个 A，一点也没有注意那是一道判断题。读着阅读题，口中却蹦出了"馒头""玉米"和"汉堡包"这些莫名其妙的词语，晚饭吃了什么呢？摸摸脑袋，大脑已经不知神游到了哪里……

"Hello！"面容模糊却又调皮的小精灵突然冒了出来，"你不想做作业，是不是？"

"是啊是啊！"正对着一麻袋作业无可奈何的我瞬间跳了起来，可目光很快又黯淡了下来，"可是这些作业明天通通要交啊，不想做也没有办法啊！"

"嘿嘿，你装病请个假，明天不去上学了呗！"小精灵诡异地一笑。

"哼，哪有那么容易！"要想让班主任批个假可是比登天还难，我没好气地白了小精灵一眼。

"别急，我这就帮你请假，而且你的老师一定会同意！这样你就可以不用再去想那些古怪的习题啦！"小精灵笑嘻嘻的，无名指一扣，嘴里叽里咕噜地念着什么。

突然口袋里的手机震动了一下，我掏出一看，发现一条短信，"寄件人"一格清晰地写着楚老师的名字，我不由自主地读出了短信内容：

"是吗？你明天不用来上课也不用做作业了，生病就好好

话题NO.8 梦

在家养着。"

"什么？不用上课、不用写作业了！"我顿时大叫着跳了起来，房顶好像都快被掀掉了。

逍遥地在家过了一天，爸妈似乎也认为我生病了，对我百般照顾，一句不提那麻袋里的作业。

可第二天我就傻眼了。因为楚老师说过，今天要考试。

唉！昨天光顾着兴奋地玩了，哪里顾得上复习？这下可好，只好在考场上对着考卷发呆，和监考老师大眼瞪小眼了。

这时，小精灵诡异的笑容又出现在了我面前。

"哦哦，你是不是不想考试呀？"

"是啊是啊！"我迫切地盯着小精灵。

"这好办。"小精灵又无名指一扣，念动咒语。

监考老师的手很温柔地贴在了我的前额。

"这么烫？"她惊叫，推着我就出了教室，"快去医务室！快去医务室！"

我感激地望向小精灵，高兴得咯咯笑出了声。突然头部一阵疼痛，抬起头，看见面前密密麻麻的文字以及旁边堆得像座山的练习册。原来自己竟撞上了桌子的棱角。

乐了半天，不过是场黄粱美梦罢了——如山的作业仍然堆在那里。我只是不知道什么时候竟然趴在桌上睡着了。

快来"目瞪口呆岛"

我努力睁了睁发干发涩的眼睛,想举起胳膊伸个懒腰,僵硬的手臂却一阵酸麻。我抬头看向窗外,月光如银似水,早已是深夜,可作业啊作业,唉!

阳光姐姐点评

小作者最后的一声叹息深深地印在了我的心上,无论梦里梦外,主题都是那堆如山的作业。夜已经深了,眼睛发干发涩,大脑不听使唤开始神游……满篇都是沉沉的疲惫感,可是作业还没有做完。唉!作业,怎么就做不完呢?!

话题NO.8 梦

小鱼的穿越梦

李可欣

我的同桌小鱼（我们都这么叫他），别看他整天一副不正经的模样，可一讲起话来，每一句都能爆笑全场，句句都是经典。不信，就听听他昨天讲给我听的梦吧！

上写字课时，我正在看书。小鱼又不安稳了，坐着没事儿，就跟我说："班长，我告诉你个事儿。"我不耐烦地说："有事快说，有第十六个字母快放。""第十六个字母是什么呀？"当然是"P"了，一听就知道没读过阳光姐姐的书，我吼道："你到底什么事呀？"小鱼故作神秘地说："我昨天做了个梦。""切，谁不会做梦呀！""我做了一个穿越梦。"

这倒挺新鲜，正好打发打发写字课无聊的时间。我抬起头问："什么？你穿越了？哪个朝代？"小鱼不紧不慢地说："我梦见我来到了清朝，女的穿锦衣丝绸，男的穿布衣皮袍，我不知不觉走进皇宫，一下撞见了秦始皇……"

快来"目瞪口呆岛"

"等等,你在清朝碰见了秦始皇?""对呀。"小鱼认认真真地点了点头。我哈哈大笑:"哈哈,清朝有秦始皇?哈哈,拜托,秦始皇不是清朝的。""啊?那清朝有啥皇帝?"我念经似的说:"康熙、雍正、乾隆……""好好,那就乾隆吧!"我瞬间无语,接着听他的"鱼游记"吧!

"那皇帝见我衣着与寻常人不同,当场赏我一个……你猜什么?"我没好气地说,"不会……黄金三百两?""No,No,No,一个iPad!"小鱼得意扬扬地说。我晕了,古代也有……iPad?我看他真是在做梦。我拎着小鱼的耳朵:"古代没有iPad!"小鱼被我吓了一跳,说:"哦,哦,不过我碰见了福尔摩斯和柯南……"

好吧,我彻底疯了。我哼着鼻子说:"他们是不是在调查案件?"这小子学《泰囧》中的话说:"你咋知道的!"小鱼问我:"你知道福尔摩斯和柯南有什么不同吗?"我没打算用正常人的思维思考,只好说:"不知道。"他说:"福尔摩斯是哪里死人他去哪,柯南是他去哪里哪里死人。"我先愣了一下,这小子还真有两下子哦,我竖起大拇指:"小鱼,精辟!"坐在前排的小哈也听到了这句话,回头说:"他那是屁精!"

哈哈,小鱼接着讲:"我在皇宫里逛呀逛,你猜我碰见了谁?"我和小哈异口同声地问:"谁?""孙俪!""我的天,甄嬛吗?那是演员演的,古代不可能真的有啊!"我忍着气

说。小鱼说:"甄嬛说'这孩子一看便知是极好的'。"说着,还摆了一个兰花指,"呸呸呸!"小哈学 2013 春晚流行语:"恶心他妈给恶心开门——恶心到家了!"

我拿出当班长的气势,假装严肃地说:"小鱼啊,你平时不好好读书,犯了这么多常识性错误,看看你的梦,怎么就跟闹着玩似的。"小鱼一本正经地说:"班长,我这是在做梦,又不是真的,干吗这么认真嘛!穿越穿越,征服一切,哦耶!"好吧,我已经习惯了。

虽说这梦全是"错",但也可谓"听鱼一次穿越梦,胜读十年笑话书"。这就是奇葩同桌的奇葩梦,我真是服了!

阳光姐姐点评

"听鱼一次穿越梦,胜读十年笑话书",哈哈,这句总结得真好!梦是五光十色的,现实中各种奇怪的、不可能发生的故事在梦里都有机会实现,小朋友们大概也尤其热爱这些"稀奇古怪"的梦境吧,小鱼在梦境里这般天马行空地穿越,读着倒是觉得很羡慕呢!

快来"目瞪口呆岛"

梦回大唐

袁义翔

唉！今天的语文作业又是背诵。我最讨厌语文书里那些文绉绉的诗词歌赋。在我眼里跟念经差不多，看得我两眼直打架。我把书夹到书架上，又把脑袋放到书桌上，眼睛尽量睁得老大。可不知咋回事，这字竟变得拳头一般大。接下来就感觉整个人飘起来，如腾云驾雾一般……

我先来到一个集市一样的小镇，周围的人都身穿古装。这是什么情况？怎么跟电视里一样？走在大街上，许多人都纷纷打量我。我信步来到一家名为"好客来"的酒家。小二急忙与我招呼："客官，请里面坐，要什么尽管吩咐，包你满意！"

我在小二的招呼下坐定，见邻座已有两位客人正在饮酒交谈。只听一人叹道："想我写得一手好诗文，可如今这科举考试，竟榜上无名……唉！只好借酒消愁。"这时，另一人道："孟兄此话差矣，休怪他人，那次你我兄弟二人饮酒，不

料皇上驾到，本以为正好是个让你施展才华的机会，你却因考试失利，作了一首《岁暮归南山》，其中那句'不才明主弃'让龙颜大怒，大好前程就这样断送了，可惜呀！"

我听得云山雾罩，这两位何许人也？刚才那位身穿青衣之人念的诗，我好像在哪本书上读过呢！正琢磨着，又有两位客人进店，"孟兄、王兄，你们早来了。"前两位客人应道："李白老弟、杜甫老弟，这次可是你们不对了，来晚者是要罚饮三杯的！"说罢，四人微笑落座。

妈呀！敢情这两位是"诗仙"和"诗圣"呀！那先前自然是孟浩然喽！另一位是……让我想想，不会是王维先生吧？平时我最喜欢的就是历史。我正猜测着，听得李白先生问道："王维兄近来可好啊？"果然猜得没错。

我急忙上前拱手作揖："各位先生好！我是21世纪的一名小学生，学生不才，能认识四位先生是我的荣幸。"我学着古人说话的腔调介绍着自己。没想到他们很愿意接纳我，还仔细询问了我从哪里来，今年有多大。当我说起他们的许多诗句都选入了后代的小学课本中，传为经典时，四位诗人都会心一笑。孟先生刚才的不愉快也跟着烟消云散了。我还特意在王维先生面前背诵了刚学会的那首《九月九日忆山东兄弟》，让大家好一阵高兴。

"你们那个时代的人还是科举考试吗？"

快来"目瞪口呆岛"

"No！"我连比带画地讲："我们这一代早就不用科举考试了，但我们面临着一大堆考试。压力大着呢！从小学起，父母就要我们上很多辅导班，考上重点中学后，还要考重点高中，考上重点高中后还要考重点大学，唉！我们这些小孩子根本没有什么童年的！"

李白先生手捋胡须说道："一个不到十岁的娃娃竟也有如此大的压力，可叹可叹呀！"

"唉，当今圣上听信小人谗言，我空有才学满腹，却始终没得到重用。"说这话的是杜甫先生。他接着说："改日请几位到我舍下茅屋叙旧畅饮。"

我赶紧接道："杜甫先生，你的许多作品我拜读过，比如……"我一时紧张，加上语文本来就不是我的强项，变得吞吞吐吐起来。

四位大诗人见状都大笑起来。羞得我满脸通红，谁让自己平时不用功呢。杜甫先生拍拍我的肩膀说道："你是不是觉得有些诗句没意思，不要怕，来来来，待我给你讲讲！"听了先生的讲解，我暗下决心一定要学好语文。这时。小二上前道："在下有幸见到各位大人，久仰大人们学识渊博，这是本店的拿手好菜特意赠送，请慢用！"

恭敬不如从命，在各位大诗人的谦让下，我夹起一块肉就往嘴里送，忽听一声熟悉的狮吼："小子！看你，口水都流

话题NO.8 梦

到哪儿了,让你背的书呢?"我猛一抬头,却见老妈怒发冲冠的模样,怎么一档子事呀?我摸了摸头,闹了半天原来是场梦啊!害得我白欢喜了一场。我连忙擦干了我的哈喇子,继续背起我的"天书"。咦?您还真别说,这看似谜一样的诗句竟成了简单的"小儿科",读上三遍便牢记于心了。看!这大白天做梦也不是白做的呀!

阳光姐姐点评

古有功名苦,今有升学累。学习一旦碰上考试,好像就不那么有意思了。不过好在小作者会苦中作乐,白天做梦与各位大诗人神游了一番,醒来豁然开朗,背书都变得容易了许多。看来这样的"白日梦"还得经常做做哟!

快来"目瞪口呆岛"

一只流浪狗的梦

宋昊檀

当初,它并不是一只流浪狗,它是主人抱在怀里的宠物,它住在人类的大房子里,享受着人类的奢侈生活。直到有一天,主人厌倦它了,它不知道自己哪里做得不好,也不知道主人为何突然如此狠心,二话不说就把它给抛弃了。从此,它的命运似乎来了个180度大转变,流浪狗时常埋怨命运的不公,同时,也用恨恨的目光扫视着每一个过往的行人。

有一天晚上,它饥肠辘辘地躺在街道旁的枯叶堆里,做了一个梦。在梦里,它来到了一个由狗统治的国度,更稀奇的是,那里好像与现实世界相反。在那里,人类给狗当宠物,任狗牵着走路、宠爱或者折磨。有的狗,甚至在宠物人的脖颈上系上了又粗又重、又冰又凉的铁链子!稍不满意,便拳脚相加。流浪狗看到这些人的模样后,想到人类也是这样抛弃折磨自己的,于是原本的一点怜悯之心顿时消失了。

话题NO.8 梦

"再狠点呀！你们难道忘了人类是怎么对待我们的吗？想扔就扔，不需要理由！"流浪狗大声呐喊着。流浪狗心想，如果我当上了这个国度的国王，一定会让这些狗好好教训教训人类。

在梦里，什么事情都有可能发生，什么想法都有可能实现。

果然，流浪狗如愿以偿地登上了狗王的宝座。它饱餐了一顿美味佳肴后，刚要发布如何折磨人类的新条令，忽然看见城楼底下有一条狗和一个人，像朋友一样一左一右地走着。那人不时地蹲下来，温柔地抚摸着狗洁白光滑的毛。狗也把它的头和身体尽量与那人靠近，不停地在那人身上蹭来蹭去，以表示对那人的忠诚。那人没有任何要伤害狗的意图，那狗也对人十分信赖。这温馨的场面让狗王想到了它的过去，想到以前主人对它的好。于是它改变了仇恨的想法，宣布道："作为一个狗国的国王，我希望狗和人类和睦相处。"于是狗王的演讲从《如何报复人类》改为了《如何与人类和平共处》。

不久，在狗王的管理下，狗与人类开始平起平坐，它们对人类倍加尊重，扯下人类颈上的大铁链，让人类恢复了以前的尊严。人类见到狗不但不记前仇，反而更好地对待他们后，心里都十分愧疚，于是作为报答，他们开始帮狗做一些自己力所能及的事情。得到了人类的帮忙后，狗国开始变得更加繁华富饶起来。狗国王望着那些改过自新的人和繁华的狗王国，不由得笑了起来。

快来"目瞪口呆岛"

就在狗国王满意地微笑时，忽然传来了一个可怕的声音："嗨，今天咱俩真走运，晚上又可以吃一顿美味的狗肉火锅了。"睡在街道旁枯叶堆里的流浪狗，一下子被惊醒了。它扑腾一下从枯叶堆里跳起来，扑棱扑棱地甩掉了身上头上的枯叶，一眼就看到眼前有两个凶神恶煞般的男人向它逼近。

流浪狗吓得撒腿就跑。一边跑一边想："原来刚才的狗国游是一场梦啊！不过总会有一天，你们一定会像狗国里的人一样改过自新的。"

阳光姐姐点评

看看檀檀的"小档案"，就知道他是个"爱狗专业户"了。如果人和狗调换个位置会怎么样？檀檀用流浪狗的梦境为我们描述了一番奇特的景象：人被拴着铁链子，狗对人拳脚相加……想想都觉得很可怕。狗是人类忠实的好朋友，让我们也像对待朋友那样，与它们平等友好地相处吧！

"校虫"梦游惊魂

陈晓君

"番茄酱"无论如何也不会相信,他遭遇了传说中的"校虫",而且还与他同一个宿舍。

"校虫"全称是"全校第一贪吃虫",除了吃就是睡,整天优哉游哉的,全身像是一个巨大的棉花糖,被松软的肥肉一层又一层地包裹着。

这一天,"校虫"像平常一样,坐在宿舍的床上"咔嚓咔嚓"地嚼着薯片。

"你这是第几包了?""番茄酱"上前搭讪。

"不知道。""校虫"嘴里含着几片薯片,含混不清地说道。

"番茄酱"从上往下地打量着他:头发蓬乱得比得上鸟巢,说不定哪天真的有一只鸟找到了这个好窝,然后欢快地住了下来,呵呵。再看"校虫"嘴里含着的薯片把嘴巴撑得像一个大气球似的。肚子简直就是一个名副其实的大水桶!"校虫"就

快来"目瞪口呆岛"

是"校虫"！那名头可不是吹出来的！

"校虫"的床上堆着乱七八糟的高热量零食，他正在不停地摄入热量和脂肪。

"看你这样子，不怕上火吗？"

"嗯哪，你看我吃了这么多上火的东西，其实我同时在不停地往身体里浇入大量灭火的水。"

"什么水？说来听听。"

"汽水、冰水、果汁……"

"番茄酱"擦汗道："我无语了，对你佩服得五体投地。不过，我有一种不好的预感。"

"喊，别装蒜了，你又不是大预言家。你只不过是一杯红得似血的番茄酱，迟早是要进我肚子的。""校虫"一边说，一边比画着喝了一大口可乐，然后咂吧着嘴向"番茄酱"示威。

"你！你！你！跟你抗议过多少次了。我姓潘，不是番！大名潘——且——将！"

潘且将抗议过后，望了望"校虫"，他还在忙着往嘴里塞东西，把自己的话当成耳边风了，好不容易风卷残云般消灭了面前所有的零食，就自个儿回到床上睡觉去了。

夜幕降临，一切喧闹都化为宁静。夜空如一块巨大的幕布，几颗明星若有若无地悬挂着。忽然，风起了，半开着的阳

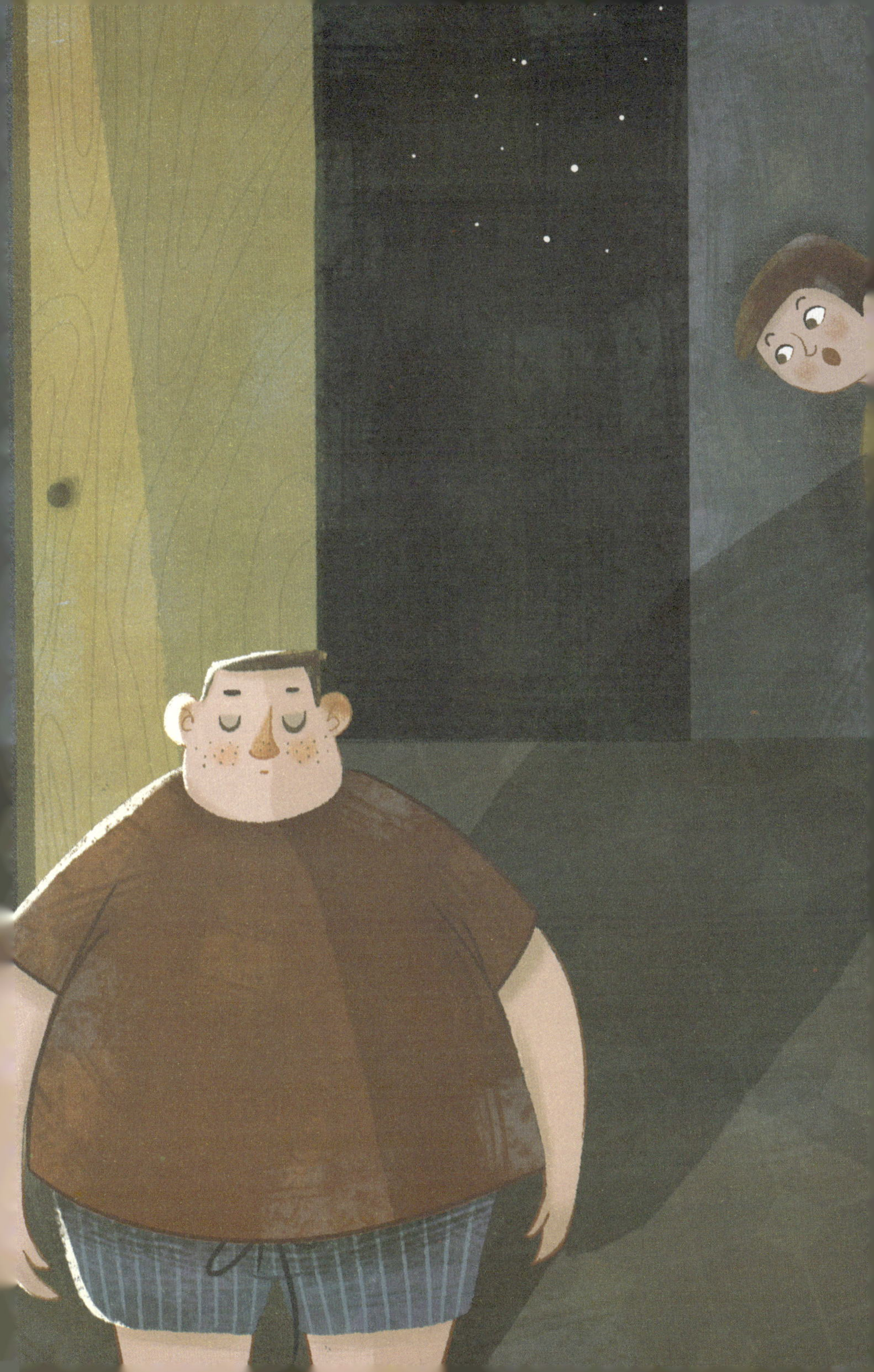

快来"目瞪口呆岛"

台门在一瞬间划破长久的安详与宁静,"咚"的一声,铁门撞击的声音在宿舍里回荡。

这一声巨响犹如晴天霹雳,把宿舍里的人拖出了梦乡。

"怎么了?"除了还在床上呼呼大睡的"校虫",每个同学都被这突如其来的声音惊醒了。

一个个身影从床上陆续坐起。在确定无什么大事后又挨个倒下。

潘且将也被吵醒了,他本想继续进入梦乡,千斤重的眼皮刚要完全闭合,却借着月光蒙眬地感觉到,有一个似有似无的身影在眼前摇摇晃晃……

他的脑袋突然变得清醒了,困意全消,下意识地猛地瞪大眼睛:一个被黑暗笼罩的身影,腰如水桶、肚能撑船、眼睛闭着、神情肃穆,在轻微的月光下落下长长的影子,像蜗牛一般慢悠悠地、摇摇晃晃地向自己床前走来,越来越近、越来越近……

"啊——啊——啊!鬼啊!""番茄酱"猛地大叫起来,顿时惊天动地,全宿舍人都被惊醒了,目光齐刷刷地望着噪声制造者——潘且将,又全部猛扑过来,制服"不速之鬼"。

"咦?这是——"冷静下来后大家发现这个"鬼影"好像很熟悉。

"'校虫'!"大家异口同声地惊呼。

话题NO.8 梦

"啊！'校虫'吃撑着时会有梦游的毛病！"不知道谁"揭秘"道。

"呼——呼——"大家议论纷纷丝毫没有影响"校虫"，他的呼噜声一声比一声响，仍然睡得很香呢！

阳光姐姐点评

"校虫"这个人物可真是有意思，本来觉得他是阿呆那样的贪吃鬼，不过读到他说用各种汽水、冰水、果汁来"灭火"，还有威胁"番茄酱"的语言和动作时，又觉得他的无厘头和幽默很像我"同桌冤家"故事里的惜城呢。呵呵，综上所述，阿呆＋惜城＝"校虫"！

快来"目瞪口呆岛"

呼叫奥特曼

吴 霞

看到上面的题目，你会感到我很幼稚吧？这么大了还看《奥特曼》，并且还是个女生。其实这也不是我自愿的，不不不，还是我是自愿的。不不不，不是……哎，我也不知道是还是不是，咱就先不谈这个问题了。

昨天晚上，弟弟在客厅里看《奥特曼》，还夸张地做起了奥特曼的手势。我哭笑不得地看着他，弟弟突然大叫："啊，迪迦奥特曼，快打怪兽啊！迪迦奥特曼，你撑住，别死了。"

我也突然惊奇起来，奥特曼不是刀枪不入的吗，怎么要死了呢？那下面怪兽怎么办？我也忐忑不安地看向电视。

迪迦奥特曼的能量快没了，胸前在闪着红灯，怪兽一脚将他踢飞，他毫无防备地被踢到了五米外，把房子都给压成了废墟。怪兽跑上前去，使劲踩他。迪迦奥特曼，你快逃啊，否则你会被踩死的！我忍不住握紧了双手，非常紧张。

话题NO.8 梦

　　迪迦奥特曼已经奄奄一息了,我和弟弟瞪大了眼睛,就在这时,发生了转变。从天上突然又飞下来另一个奥特曼,我不知道他叫什么名字,弟弟却大叫:"赛文!赛文奥特曼!"

　　这突发的转变使他们合伙打败了怪兽。我意犹未尽地思考着刚才高潮时的情景,原来《奥特曼》也挺好看的呢。我记得小时候,妈妈的好朋友金凤阿姨的儿子说,奥特曼在另外一个星球,一定在另外一个星球。我说世界上没有奥特曼,结果我俩吵了起来。现在想来多好玩儿。

　　我咂吧着嘴巴。

　　夜,渐渐来临,星星眨巴着眼睛。

　　我和四个好伙伴在一个空旷的地方用无坚不摧的铁块建造了一个图书馆,有两扇水晶玻璃门。

　　我们正在里面看书,突然,大地开始颤抖,轰隆隆的,我们惊慌了起来,不知道发生了什么事情。我们集中在水晶玻璃门前,外面很多树都歪了,房屋倒塌成一片废墟,砖瓦四溅。没有看见一个人。突然,一个黄色的电击射了过来,树木顿时被烧成一片黑,冒出了袅袅乌黑的烟,烧焦味飘了进来,我们抱住胳膊颤抖,这到底发生了什么?

　　不远处突然出现了一个怪兽,它全身黑漆漆的,像黑暗中的使者,但是两个大眼睛却闪着黄色的光,在漆黑一片的四周下,它的眼睛显得阴险而恐怖。月亮突然变成了红色,大地

125

快来"目瞪口呆岛"

露出了一片狰狞。

小伙伴都吓得尿了裤子。

我也十分不安,心怦怦怦地跳个不停,四周十分安静,似乎可以滴出水来,只听见我们跳得极快的心的声音和怪兽越走越近的脚步声。

我命令大伙儿把门死死地抵住,虽然必死无疑,但我们也要做最后的防卫,让死来得慢一些,或许我们多撑一会儿,就会出现另一个转机。

怪兽用它粗大的脚指头来踩房子,它一个脚趾就相当于三个人叠在一起的大小。我们死死地抵住,还将门反锁住了。正当我们要撑不住的时候,怪兽晃悠着庞大的身躯幽幽地走到了另一扇门,那边只有两个人,并且都是瘦子,我们急忙跑去帮助他们。结果却中了怪兽的调虎离山计,糟糕了,它飞速地闪到另一边门前。

门被踹开了,它用脚指头把房子踢倾斜到一边,我们全都滑到了门旁边。

我忍不住大叫:"奥特曼,你快来啊,我们不行了,快来救我们啊。"

但是,奥特曼迟迟都没有出现,怪兽抓住我们,我们危在旦夕,在死亡的边缘徘徊。

我猛然坐起来,头顶上冒着汗珠,这个梦真可怕,真的

话题NO.8 梦

是：日有所思，夜有所梦啊，我再也不看《奥特曼》了！

阳光姐姐点评

很多同学写起故事来，情节很棒，但是不会描写环境和场景。读读小霞的这篇作文，你会发现，好的场景描写，是很能为故事营造气氛的。在写到沉入梦境时看到的场景时，小霞对颤抖的大地、倒塌的房屋以及袅袅的黑烟等的描写，渲染了一种很紧张恐怖的气氛，这为后文怪兽的出现做了很好的铺垫。

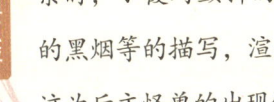

快来"目瞪口呆岛"

梦境看看机

薄睿宁

近期,擅长发明的怪才马奇博士常常噩梦连连,脑袋一沾枕头,就打个激灵,猛地跳起来,"啊!老鼠,老鼠,不要过来!"(小秘密:马奇博士怕老鼠,不是很怕,是非常怕。)或者是,"哇!晚上九点了!我的衣服还没有洗,地还没有拖,晚餐还没吃,发明也没有想出来……"

于是,马奇博士冥思苦想,终于想出了一个他认为十分妥当的方法——不睡觉了!一天不睡觉还好,连续几天,马奇博士就开始哈欠连天,两只眼睛就像是被强烈的地球引力给吸住了似的,总是睁不开。这可好,几天下来,马奇博士一件新发明都没有搞出来。长此以往,不但他的饭碗得丢掉,就是扣在他头上的"怪才发明家"的帽子也得给他摘了!突然,马奇博士有了灵感:"对啊,我是不是可以发明一种能够改变人梦境的东西啊?"

话题NO.8 梦

　　说干就干，马奇博士采购完发明需要的原材料，就在自己的实验室里不吃不喝地乒乒乓乓地敲打、焊接、组装了好几天。几天后，实验室里走出了一个面黄肌瘦的马奇博士，手里拿着一台绿色的机器，机器上面还有几个楷体小字"梦境看看机"。梦境看看机，顾名思义，就是通过这台机器能看到别人的梦境中的内容。

　　于是，每天晚上，睡不着觉，或者因为害怕做噩梦而不敢睡觉的马奇博士，都坐在"梦境看看机"前，看别人的梦，一看，他就乐了，烦恼也消失了一些。马奇博士第一个观看的是一个高大威猛、眼窝深陷的警察的梦："嘿，他竟然想当一个飞檐走壁的贼，真是好笑。"马奇博士第二个观看的是一个手无分文的、端着一个破碗、头发凌乱的乞丐的梦。那个乞丐在梦中念叨着："小王，给我倒杯水！小李，你，看看咱们公司的业绩又长了几十万啊？小赵，那辆兰博基尼和劳斯莱斯你给我买到了吗？小钱，我给你加十万元的薪水！"乞丐豪气凌云，全然不像个乞丐样，仿佛是一个叱咤风云的老板。第三个被观看的是一个贫穷的拾荒者，他在梦中，总是与那些自己资助的山区孩子见面和交流，很是愉快。第四个被观看的是一个大权在握的当政者，他竟然想回到从前，多和妻儿在一起，与母亲唠嗑……

　　看了几天别人的千奇百怪的梦境，马奇博士不禁感觉起

快来"目瞪口呆岛"

单调乏味来:"对了,我要是能让人们相互之间换换梦,同时,所有的人就都能体会到更多的梦境了!"马奇博士不禁欣喜起来。于是,他又进了实验室。

经过一番乒乒乓乓,历经七七四十九天之后,马奇博士如获至宝地捧着那台改进后的"梦境看看机"。现在新的"梦境看看机"又增加了"换梦"和"改梦"的新功能。

每天晚上,马奇博士都不厌其烦地打开"梦境看看机",看看有什么值得看的,或者值得换的、美好的梦。然后就把这个人刚刚做的美梦,转移到另一个人的梦里,同时再把另一个人的美梦放到第一个人的梦中。就这样,一个人就能同时做两个梦了,马奇博士感觉真好!同时,如果马奇博士发现有的人做了像他一样的噩梦,那他则会启动"改梦"功能,给他改成一个好梦来。

没想到,人们对马奇博士给大家换梦这一做法,众说纷纭,有赞成的也有不赞成的。比如童心未泯的人们,就能得到更多的、各种各样的梦境,增添了很多乐趣;而不赞成的则觉得这太累人了,一个晚上都在梦中,大脑得不到应有的休息。是的,做自己的梦就好了,为什么还要做别人的美梦呢?而马奇博士给大家改梦,则得到了大家一致赞同,大家都说:"真好!我这阵子总做美梦,看来我以后生活一定会美满幸福。"而后,大家会以百倍的精神投入工作生活中,工作效率提高

了，生活质量保证了，真是太棒了！

马奇博士一觉醒来，对刚才的梦赞不绝口："哈哈，我竟然在梦里发明出这么好的一台'梦境看看机'：能换梦，还能改梦，我得赶快研制去，莫失良机！"

阳光姐姐点评

看到结尾才明白，原来以上的故事，都是发生在马奇博士的梦中啊！很喜欢这样出人意料的结局，让人看到结尾有一种很惊喜的感觉。奇妙的梦给马奇博士带来了发明的灵感，而马奇博士又会通过后来的发明创造让美梦成真，这么说来，做梦对于发明家来说，真是个好助手！

快来"目瞪口呆岛"

外公，不许再做砍柴梦了

商静怡

"海风你轻轻地吹，海浪你轻轻地摇，年轻的水兵头枕着波涛……"在胶东半岛，有一个美丽的小山村。站在山上时，向远处看，一望无际的蓝，几只小船仿佛在说，这是大海呀！

这样的小山丘一座连着一座。它们不高，却种满了松树。山上又新建了风力发电站。一座座风车衬着蓝天和白云，仿佛是童话世界一般。尤其是秋天的时候，天高云淡，苹果摘了袋，露出粉红的霞。一树树，一片片……美极了！

每年10月1日，放了假，我就跟着爸爸妈妈回到偏僻的小山村，帮外公摘苹果袋。我们从早忙到晚，季节不等人呀。到了深夜，我们沉沉地进入了梦乡。窗户上的星星呀，圆圆的月亮呀，还有蟋蟀的叫声，以及树木的清香真让人备感舒爽！

"咕咚，咕咚"，后半夜里，我突然听到外面的大门轻轻地响。第二天早晨起来，外公对我们笑眯眯地说："昨天下半

夜，两点半我就起来了。去山上砍了两棵松柴，准备搭个窝棚看苹果。"我一听，外公这么大年纪，休息不好，怎么行呢？

第二天，后半夜里，又是这样。到第三天早晨，外公得意地对我们说："当你们还在梦乡的时候，我就出发了。我到山上砍了三棵松柴，它们又直又长。明天再去砍几棵，搭个窝棚就够了。"哇，我的外公太勤劳了！妈妈却把嘴一撇，大惊小怪地说："爸爸，你这是犯法的。让守林人抓着就完了！"我听了很害怕，就赶紧打听怎么回事。原来，山上的松林原先都是分到户的，近年来国家封山育林，不让砍了。

外公说："我开着'老头乐'去的呢，守林人，他看得过来吗？我在那里还挑来拣去呢，要不是嫌露水重，荆棘又多又高，我非多砍两棵，装在车上，拉回来。"

果园里，外公正在搭窝棚。松枝已经被砍掉了，松油的味道浓浓的。多可怜啊！我决定来个苦肉计，说："外公，你要是今天晚上再去的话，带上我！我也要和你一起去！""不行，小孩子家家，黑咕隆咚，不能上山！""你每天走的时候，我都听见了，你不带我，我就偷偷跟着你。"外公不说话了。

我一边弯着腰在苹果树下摘果袋，一边做外公的思想工作。我对外公说："您快七十岁了，还在不停地放小树。这个小村的风景多么美呀！空气多么新鲜呀！这有您的功劳啊！夏天的时候，我们一起去采松菇，多有意思呀！外公，你别再

快来"目瞪口呆岛"

去砍山上的树了。你这样天天去，会上瘾的。"外公点燃一袋烟，点点头。看来，我的马屁拍到点子上了。

说来也真巧，寒假回去的时候。外公给我看一样好东西，原来是满满一袋的蘑菇！他得意地说："这山上原来从来不长蘑菇，今年冬天满山遍野都是，村里人，老的少的都抢着去拾！那蘑菇的味道又鲜嫩，炸着吃比肉还香呢！"我一听，高兴地说："当然啦，这是大自然的良性循环！"

哈哈，外公的砍柴梦，彻底地醒喽！

阳光姐姐点评

无论老妈怎么劝说、责怪，外公的"砍柴梦"都没有醒。但在静怡的"苦肉计"和"马屁计"下，外公却举手投降，改"砍柴梦"为"拾蘑菇"了，这可全是静怡的功劳啊！静怡不仅计策用得好，作文写得也很棒，尤其是描写山村的风景时，语言很有诗情画意的美。

话题 NO.8 梦

幸好只是梦

杨紫仪

那是一个拥有美丽星空的夜晚,月光轻柔如水地洒在我的身上,我就这样悄然入睡……

躺着躺着,我就跌入了一个奇幻的世界。虽然一切都没变,还是一样的我,一样的爸爸妈妈,一样的家乡。我们一家人在边城公园有说有笑地散步。我忽然看见了好朋友,于是兴奋不已地向她打招呼,她笑着问我可否和她一起去玩,可爸爸妈妈不允许。我非常生气,看着朋友期待的脸,我真不想给她一个令她失望的回答。于是,我的脑海里冒出了一个念头:偷偷溜走。

我故作惊讶地对妈妈说:"妈,我的携带杯忘记带了,你去便利店帮我买一瓶水吧,我好渴。"妈妈毫不犹豫地答应了。我心里窃喜:太好了,终于搞定了一个。可是爸爸就不好对付了。我恳求地对爸爸说:"爸,我的铅笔芯用完了,看,

快来"目瞪口呆岛"

前面有个文具店,你去帮我买一盒嘛!"爸爸狐疑地盯着我,拉长了脸:"前几天不是才给你买的吗,不会这么快就用完了吧?"我急了:"这几天作业特别多,早就用完啦!""真是拿你没办法。"爸爸无可奈何地往文具店走去。我如释重负地松了口气。

我得意扬扬地朝好朋友走去,刚要拉到她的手,她突然像幻影一般消失不见了,我吓了一跳。"我在这里!"好朋友在一个很窄的、从来没见过的小道上叫我。我故作生气地向她走去:"好啊你,玩消失!"刚要接近她,她又消失了。

我害怕起来,脑海里闪现出各种可怕的恐怖片画面……"哈哈,上当了!我在这里!"好朋友在巷子深处大声嘲笑我。我不敢多说,缓缓向她走去。果然不出我所料,她又消失了。我刚要往回走,可一回头,在我身后的,竟然是一堵结实的墙!我大吃一惊,面如土色,虽然不明白是怎么回事,可我知道,我已经被困在这个奇怪的巷子里了。我不禁小声地抽泣起来,都怪自己,偷偷离开爸爸妈妈。以后会不会再也见不到他们了……

在泪眼蒙眬中,我看到前面有一个很美的小木屋,我想也不想,拔起腿就往那边跑。我慢慢靠近了小木屋,它是那么漂亮精致,美得妙不可言。我下意识地触了触小木屋的栏杆——哦,不是假的。

话题NO.8 梦

  我礼貌地敲敲门:"有人吗?"没有回应,门却自动打开了,发出"嘎吱嘎吱"的声音,像电影里的情节。我愣住了,颤抖着走进了小屋。小屋外表精致漂亮,里面简直就像宫殿——金灿灿的大柱子,紫色加咖啡色的太师椅,有紫檀木的味道。中间是一个大宝座,宝座上有许多闪闪发光的翡翠和钻石,耀眼得让人睁不开眼。我惊讶地发现,宝座上坐着一个小小的泰迪熊,它竟然会说话:"你好!我是泰迪女王,我这里从来没有被人类发现过,你是第一个发现了我们王国的人,为了报答你,你可以在这里当上副女王,过上荣华富贵的生活。"我非常高兴,之前的悲哀和忏悔都忘得一干二净。

  在这里住了几天,我才知道,所谓的"荣华富贵"竟是吃不完的狗粮和一碗碗数不完的猪肝拌饭,还有喝不完的自来水。作为人类,吃这样的东西,我感到非常耻辱。我放声大哭起来:"我要回家,我要爸爸妈妈……"泰迪女王走了过来,奇怪地问:"哦,敬爱的副女王,你不喜欢这一切吗?如果不够,我还可以满足你一个愿望。""我要回家,我要回家……"我大喊大叫。"对不起,我只是一只泰迪熊,不能够实现这种愿望。""哇……"我哭得更加撕心裂肺。

  "哇……"我把自己哭醒了,猛地坐了起来,向四周看看:我还是我,身旁没有像小山一样的狗粮,没有一碗碗猪肝拌饭,也没有一大桶自来水,我还能听到爸爸响亮的呼噜声。

快来"目瞪口呆岛"

低头看看,枕头湿了一大片,脸上的泪水也未干。我大大地松了口气——啊,幸好只是个梦!

阳光姐姐点评

这篇作文很像是对真实的梦的场景的记录,一个个跳跃的梦的画面剪辑到了一起,有一种琢磨不透的神秘味道。无论是和朋友一起玩耍还是后来去小木屋当了副女王,紫仪总是有一种离开了爸爸妈妈后很不安全的感觉。呵呵,幸好只是梦,梦醒了就不要再害怕啦!

话题NO.8 梦

请勿脱鞋

任奕豪

　　一辆长途超豪华大巴由洛阳驶向徐州，车上乘坐包括两名司机在内的108人，每个座位旁，都贴着一张醒目的字条："请勿脱鞋，讲究卫生人人有责。"

　　司机小李开车，司机小王休息。

　　小李正聚精会神地扶着方向盘目视前方，忽然，一阵浓烈的脚臭味向他袭来，小李眉头紧锁，气愤地问："车内是谁把鞋脱掉了，赶快穿上。"满车的人也被这突如其来的异味熏得苦不堪言。

　　"这是谁的臭脚丫子，再不穿上，我就骂人了。"小李开车多年从来没有闻到这么难闻的气味，被臭脚丫子熏得快要昏过去了，小王戴上口罩赶快换下小李开车，司机小王也被熏得够呛，看样子估计也容忍不了多长时间。

快来"目瞪口呆岛"

这辆超豪华大巴依然疾驰在高速公路上。寒冬腊月，外面的空气很冷，整个车窗全密封着，车内暖融融的，可被这不和谐的臭脚丫味熏得乌烟瘴气，让人头昏脑涨苦不堪言，乘客怨声载道。

臭脚丫的气味充斥在车厢内，肯定是乘客中的某一位或某几位不顾公共卫生，自觉性特差，只图自己手脚舒服，只顾展示自己的"美足"而忽视他人的健康和感受，对座位旁"请勿脱鞋，讲究卫生人人有责"的警告视而不见。

此时的中巴车，已经开始脱离地面，像气球一样往空中升起，脚的臭味密封在车厢里排不出去密度越来越大，就像气球里的气体一样拖着中巴车继续上飘。

不知道过了多长时间，中巴车上的人，慢慢苏醒过来后发现他们"飘"到了另一个星球，中巴车的外面有许多全副武装荷枪实弹的外星人，外星人个个头戴防毒面具包围了中巴车。

中巴车上的 108 个人可能还不知道早已中了臭脚之毒，是外星人费了九牛二虎之力帮助解毒后才苏醒的，这真是"一颗老鼠屎坏了一锅汤，一双臭脚害了一车人"啊。

一车的乘客何时能到达目的地还是个未知数。外星人对中巴车上的每个人都不放过，进行隔离检查，外星人下定决心

话题NO.8 梦

要查出脚臭味的来龙去脉，臭脚为何有如此大的杀伤力？他们的星球也不容许被污浊的臭味熏染。

我身边的一个乘客为了逃避检查，竟然做出违心的举动，他突然抓住我的双腿大喊："找到了，是这个小孩子的脚太臭了。"

我打个寒战，大声辩解："不是我呀！我是很讲卫生的，我天天洗脚……"

外星人不容分说把我揪出来准备砍掉双脚，说用脚的臭味能制作杀伤力特强的弹药，原材料只有从地球人身上才能找到，因为在整个宇宙里，地球的污染指数是最高的。

随着噼里啪啦的一阵乱响，我快要吓昏了，我的双脚肯定保不住了，一下子坐了起来，定睛一看，是妈妈正在关双层玻璃窗发出的声响，原来是我做了一个梦，而且是非常恐怖的噩梦。

妈妈说："不知道什么时候，楼下有人在焚烧垃圾，臭味熏天，我把窗户关上，你再多睡一会吧！今天是星期六不用早起上学的。"

双层玻璃窗关严了，嗅觉依然躲不开刺鼻的臭味，我根本没有再睡的兴致了。

快来"目瞪口呆岛"

阳光姐姐点评

臭脚丫的威力真是不可小觑,居然让整个车厢臭到了外星球,并且还要被外星人制作成杀伤力特强的弹药,小豪的想象力真是丰富有趣!虽然想象是自由开阔的,然而合理的想象绝对不是乱想,它是建立在现实基础之上的。比如,文中的"臭脚"的想象来源于现实的垃圾焚烧污染,小豪反复提到的"请勿脱鞋"标识,其实是想强调,请勿随便焚烧垃圾,请爱护我们的环境。

话题 NO.8 梦

梦里梦外

吴涵彧

梦里,我走进了一片森林。

大雾霭霭,似乎每棵树都披着朦胧的纱裙,轻歌曼舞,长袖轻拂。我伸出手,一片无尽的空虚环绕,触不到任何东西,除了……一个个有着淡淡绒毛的圆球物体。我心里一惊,拨开迷雾,看到的是一个个五彩缤纷的浆果。我采下一个轻轻嚼动,它就露出了鲜嫩的果肉。

"哎哟!"转瞬间,肚子一阵剧痛。"疼死我了……"我小声地抱怨着醒来,原来梦里吃了毒果子也会想上厕所。我想拉开被子,起身,却听到窸窸窣窣的声响,悄悄一看,一个人影在晃动,太蹊跷了,我不敢往恐怖里想,忍着痛继续倒下睡。

恍惚中,又来到了森林,雾气更重了。又是一个浆果!我心里偷笑:我才不会这么愚蠢,还吃这坑爹的果子。我拨开

快来"目瞪口呆岛"

浓雾大步向前走,丝毫不害怕,想着前面呈现一片灿烂野花什么的就更衬场景了。前方若隐若现,难道我走出森林了?拨开乳白色窗帘般的雾,却是另一番景致,真应了那句"曲径通幽处,禅房花木深"。一个小木屋呈现在我的眼前,虽是木屋,格局却精妙无比。我走了进去。

"欢迎光临,美丽的小姐。您是要稻草、钢铁还是金子?"一个皮肤白皙的少年低着头说,他的手上拿着三个刚刚制作好的人偶。"谢谢,我不买人偶。""我当然知道你不买人偶,"少年人偶师声音低沉地说,"你也买不到人偶,你是想变成稻草、钢铁还是金子做的人偶呢?"他苍白的僵硬的手朝我伸来。"不!我什么都不要,不要!"他的手上不知道什么时候多了把锋利的剪刀,朝着我惊慌的眼睛刺去,嘴里喏嚅着:"眼睛是用杏仁核、黑宝石还是玛瑙好呢?发丝是用芦苇、金丝还是我的头发好呢……"

我控制自己的思维,强迫自己醒了过来,但还是觉得四周阴森森的,那个变态的少年人偶师打算把我做成人偶。我忘了一件事,外面的那个人影,一阵风吹过,他似乎在左顾右盼。

别看他,睡觉,睡觉吧……在自我催眠里,我不幸又回到了那片让我心生厌恶的森林。"这是什么?线吗?"我抚摸着眼前闪动着银光的银线,"哦!"银线太锐利了,我的手竟然被割出了一道伤口,殷红的血滴滴落下。"你——来——

了。"听到这个声音,我心里燃起一股求生之火:"快跑!"但,我竟没有发现,四周都是闪耀着锋芒的银线,我如何是好?

但那一些伤痛与生命与光明比起来实在微乎其微,况且,冒险总是要付出艰辛与伤痛的。毫不犹豫地让脸划过银线,一道道锐利的细伤口出现在脸上。逃出了木屋,僵硬的少年人偶师跟上来了,却在第一缕阳光穿破迷雾的一刹那倒下,脑袋里流出了稻草,大片大片的稻草。

他本不是人,怎会懂得人求生的欲望?

在森林里,除了我再无别人,幽静得可怕。又回到浆果树前,抱着试一试的心态,我吃了一个果子,我在梦里陷入了沉睡,醒来之后,不是在梦里,而是家中。

"起床起床!"妈妈催促我,"快点!"洗漱完毕,坐下吃早饭,爸爸妈妈微笑着坐在我的对面,也吃着早饭。一切都是梦,还是梦中梦啊,我也笑了。

可事情并不这么简单,房顶如拼图一样塌陷下来,身边的一切融化在水中,爸爸妈妈也卷进去了。我又回到了这片噩梦森林,我要逃出去!我再次吃了个果子,醒了过来,还是万籁俱寂的夜晚,没有什么微笑着的父母,怪瘆人的。那个身影左右地走动,我决定牺牲小我,成全大我!

我毫无声息地下了床,抓起一个凳子与一本厚厚的词典,一定可以砸死这个万恶的小偷了。"汪汪,汪汪!"只有小

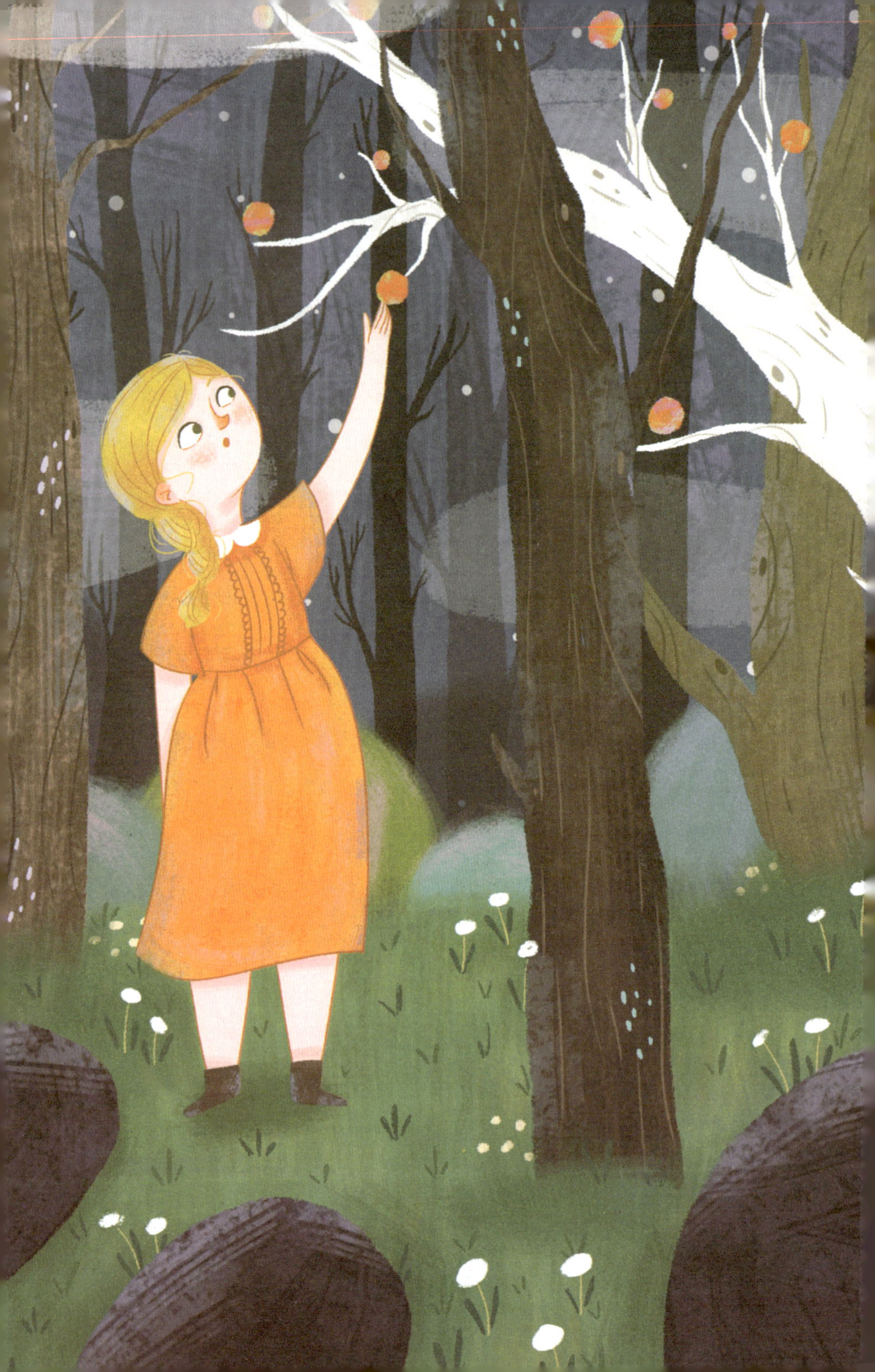

话题NO.8 梦

区里的狗在不停地吠。好，接近他了，他还没发现我呢，砸吧！我心里得意扬扬又存有顾虑，砸偏了的话，怎么办？

但我已经砸下去了，触到一片柔软，不是小偷，不会是外星人来我家吧？打开灯，衣帽架上的一件衣服软软地还在微微摆动。虚惊一场罢了。

倦意也全无。

梦里梦外，都是冒险。

阳光姐姐点评

呼！看完全文，终于可以长呼一口气了。从读文章的第一句话起，我就紧张得大气都不敢喘呢！这种一梦套着一梦的结构，让我想起了电影《盗梦空间》，梦里梦外的冒险环环相扣，读得真是过瘾极了！

快来"目瞪口呆岛"

加入"阳光家族"的方法——

读了这么多精彩的话题故事,你是不是也想加入阳光家族,和我们一起写作呢?

加入阳光家族的方法很简单,把你写的作文、日记、诗歌或者小说投稿给我们,你就成为阳光家族的一员啦!

征稿要求

1. 写作体裁:作文、日记、诗歌、小说都可以。

2. 字数:作文、日记、诗歌字数不限;小说全文字数3000—30000字(注意是全文哦,没写完的不要急着投稿啦)。

加入"阳光家族"的方法——

3. 风格：不限，符合小学生阅读特点即可。

4. 征稿对象：小学生和初中生。

5. 稿件投至：1219634843@qq.com（作文、日记、诗歌投稿邮箱）；hysxinxiang@126.com（小说投稿邮箱）。

6. 稿件要求有以下几项内容（按照以下顺序）：（1）作品名称；（2）作者姓名；（3）作者联系地址、邮政编码、联系电话；（4）作品目录（如果有的话）；（5）作品正文；（6）作者小档案（见下）。

"阳光家族"成员小档案（投稿必填）

姓名：	喜欢的颜色：
别名：	喜欢的动物：
年龄：	喜欢的音乐：
生日：	喜欢的课程：
形象特点：	爱好：
性格特点：	我讨厌：
喜欢的食物：	梦想的职业：
喜欢的饮料：	最大的愿望：